智能财会教程

刘晓玲　孙会静　主　编
孟祥玲　杨红杰　刘荣艳　徐治霞　副主编

清华大学出版社
北　京

内 容 简 介

《智能财会教程》可作为会计专业综合性实训课程的教材。本书以智能财会基本原理和"好会计"软件应用为主要内容，主要培养德智体美劳全面发展，适应日益呈现的大数据、云计算、会计智能决策等新型会计业务发展需要，具备会计学、财务学、管理学、计算机人工智能与信息技术知识，能较熟练地使用电子计算机和数理统计分析工具进行大数据分析处理辅助决策的高素质应用型人才。

本书既可作为职业院校财会相关专业的教材，也可作为相关人员学习会计知识的参考用书。

本书封面贴有清华大学出版社防伪标签，无标签者不得销售。
版权所有，侵权必究。举报：010-62782989，beiqinquan@tup.tsinghua.edu.cn。

图书在版编目(CIP)数据

智能财会教程 / 刘晓玲，孙会静主编. —北京：清华大学出版社，2023.4
ISBN 978-7-302-62102-7

Ⅰ. ①智… Ⅱ. ①刘… ②孙… Ⅲ. ①财务管理系统—教材 Ⅳ. ①F232

中国版本图书馆 CIP 数据核字(2022) 第 198318 号

责任编辑：刘金喜
封面设计：周晓亮
版式设计：孔祥峰
责任校对：成凤进
责任印制：丛怀宇

出版发行：清华大学出版社
网　　址：http://www.tup.com.cn，http://www.wqbook.com
地　　址：北京清华大学学研大厦 A 座　　　邮　编：100084
社 总 机：010-83470000　　　　　　　　　邮　购：010-62786544
投稿与读者服务：010-62776969，c-service@tup.tsinghua.edu.cn
质 量 反 馈：010-62772015，zhiliang@tup.tsinghua.edu.cn

印 装 者：三河市铭诚印务有限公司
经　　销：全国新华书店
开　　本：185mm×260mm　　　印　张：14.5　　　字　数：301 千字
版　　次：2023 年 6 月第 1 版　　印　次：2023 年 6 月第 1 次印刷
定　　价：98.00 元

产品编号：099465-01

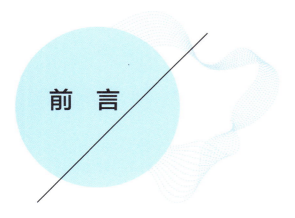

前言

《智能财会教程》可作为会计专业综合性实训课程的教材,它融合了基础会计、财务会计、税收实务等教学内容,并开创性地借助"智能云财务"应用"好会计"软件,对商贸公司进行模拟财税实操,从而使学员熟知企业业务的财务、税务流程及核算方法。在财务智能化时代,财税数据互联、核算方法智能,因此,学员需掌握用友集团旗下畅捷通公司的"票·财·税"一体化智能云财务应用软件——好会计。

本书贯彻党的二十大精神,坚持为党育人、为国育才,以培养新时代智能财会专业人才为目标,以智能财会基本原理和"好会计"软件应用为主要内容,以优学教育平台虚拟仿真和用友"好会计"软件为应用平台,注重培养学生智能财会的操作能力,以及在实际会计职业环境中解决新问题的创新能力。

本书的主要特色如下。

1. 最新政策

本书根据企业会计准则,业务执行新增值税税率(货物13%)、新个人所得税法、降低企业承担社保比例等财税政策,要求学员理解并实操部分新旧政策业务衔接时的实务处理。

2. 仿真业务

本书模拟企业在12月份的经营业务,除基础业务文字描述外,还提供完善的原始票据图。

3. 智能采集

本书主要介绍使用人工智能采集数据(发票扫描、Excel导入、扫票识别等),借助财税基础知识和原理,介绍智能云财务的发票、日记账、工资表等模块导入攻略,实现高效、准确的数据采集。

4. 智能凭证

本书通过原始单据采集的数据,引导学员操作智能软件生成凭证,提高生成凭证结果的能力,进行期末自动处理结转业务和结转损益,并学会判断结账检查是否正确等操作应用。

5. 智能财管

智能云财务可即时演算常见财务管理指标和税务风险指标，培养学员对企业的管控能力和风险意识。

6. 角色权限

本书介绍了会计主管、会计、出纳、老板四类中小企业常见角色的功能权限和应用，降低了企业角色之间的沟通成本，提高了企业运营盈利的能力。

7. 教学平台

本书集"教、学、练"于一体，将真实的智能云财务好会计软件嵌入教学平台，实现线上+线下的双模式学习，最大限度地满足各类学员的学习需求。

本书教学资源可通过http://www.tupwk.com.cn/downpage下载，也可通过扫描下方二维码下载。

教学资源下载

限于编者水平，书中难免存在疏漏和不当之处，期待读者提出宝贵的意见和建议。

服务邮箱：476371891@qq.com。

编 者
2023年4月

目 录

NO.1 第一章　数字化与人工智能

第一节　数字化与人工智能概述……2
第二节　智能化会计………………15
第三节　虚拟仿真…………………31

NO.2 第二章　系统管理和基础设置

第一节　新建账套…………………37
第二节　设置辅助核算档案………39
第三节　科目设置…………………43
第四节　期初余额…………………49
第五节　录入日记账………………57
第六节　录入固定资产……………58

NO.3 第三章　日常业务处理

第一节　筹资业务…………………67
第二节　采购业务…………………72
第三节　销售业务…………………83
第四节　期间费用业务……………92

NO.4 第四章　特殊业务

第一节　固定资产业务……………127
第二节　期末业务…………………128

NO.5 第五章　大数据财务分析

第一节　查询报表…………………145
第二节　利用大数据进行分析……156

NO.6 第六章　会计知识图谱

第一节　知识图谱…………………167
第二节　优学教育平台功能………169
第三节　利用优学教育平台学习…170

NO.7 第七章　虚拟仿真

第一节　基本操作模块……………175
第二节　基本业务模块……………190
第三节　行业会计模块……………191

第一章 数字化与人工智能

▶ 知识目标

- ◎ 大数据
- ◎ 智能化会计
- ◎ 虚拟仿真
- ◎ 人工智能
- ◎ 金融负债

▶ 技能目标

- ◎ 掌握云计算方法
- ◎ 了解区块链在财务领域中的应用
- ◎ 了解人工智能在智能化会计中的应用

▶ 本章导语

在科学技术高速发展的今天,人工智能技术应用于企业会计核算和财务管理中,具有里程碑式的重要意义,并由此引发了会计数字化转型的颠覆性变革。企业借助人工智能、云计算、区块链、智能终端等技术手段,充分发掘数字化的潜在价值,实现企业价值最大化。

▶ 任务导图

数字化与人工智能
- 数字化与人工智能概述
- 智能化会计
- 虚拟仿真

任务清单

任务清单如表1-1所示。

表1-1 任务清单

任务	例题
掌握大数据的概念	【情景1-1】
掌握云计算的概念	【情景1-2】
掌握区块链的概念	【情景1-3】
掌握人工智能的概念	【情景1-4】
掌握智能化会计的概念	【情景1-5】
了解什么是虚拟仿真	【情景1-6】

第一节 数字化与人工智能概述

任务描述

随着科学技术和信息技术的不断发展，云计算、大数据、人工智能与区块链为代表的数字技术也在不断发展。在这些层出不穷的数字技术的驱动下，价值链正破裂重塑，新生态系统不断涌现，行业边界变得越发模糊，越来越多的传统企业都在试图通过重构自身业务模式来从容应对行业变革，并跨越传统的行业界限扩展其业务。

数字化与人工智能任务描述如表1-2所示。

表1-2 数字化与人工智能任务描述

任务目标	知识素质目标	技能素质目标		品德素质目标
	1. 大数据 2. 人工智能 3. 虚拟仿真	1. 认知事物的能力 2. 分析问题的能力 3. 会计思维能力		1. 严谨的工作作风 2. 踏实的工作态度 3. 细致的工作方法
任务材料	教材		任务方法	讲授
	"好会计"软件			个人操作
	网络材料			团体讨论
任务步骤	掌握基础操作		任务工具	项目任务书
	了解企业信息			笔、纸
	撰写任务产出表			计算机、网络

(续表)

任务评价	自评	互评	师评
总评			

1.1.1 大数据

1. 大数据的概念

大数据是指以多元形式搜集而来的需要新处理模式才能具有更强的决策力、洞察力和流程优化能力的海量、高增长率和多样化的信息资产，且无法在可承受的时间范围内用常规软件工具进行捕捉、管理和处理的数据集合。大数据具有4V的特点，即大量(volume)、高速(velocity)、多样(variety)、价值(value)。

2. 大数据的发展历程

第一阶段：萌芽期(20世纪90年代—21世纪初)。该阶段是大数据发展的萌芽期，处于数据挖掘技术阶段。随着数据挖掘理论和数据库技术的逐步成熟，一批商业智能工具和知识管理技术开始被应用，如数据仓库、专家系统和知识管理系统等。

第二阶段：突破期(2003—2006年)。该时期处于围绕非结构化数据自由探索的阶段。非结构化数据的爆发带动大数据技术的快速突破，以2004年Facebook的创立为标志，社交网络的流行直接导致大量非结构化数据的涌现，而传统处理方法难以应对。因此，学术界、企业界开始从多角度对数据处理系统、数据库架构进行重新思考。

第三阶段：成熟期(2006—2009年)。该阶段大数据技术形成且并行运算于分布式系统，为大数据发展的成熟期。2009年，杰夫·迪恩(Jeff Dean)在BigTable基础上开发了Spanner数据库。大数据研究的热点集中于性能、云计算、大规模数据集并行运算算法、开源分布式系统基础架构等。

第四阶段：活跃期(2010年至今)。随着智能手机的应用日益广泛，数据的碎片化、分布式和流媒体特征更加明显，移动数据急剧增长。近年来，大数据不断向社会各行各业渗透，使得大数据的技术领域与行业之间的边界越来越模糊，应用创新已超越技术本身，更加受到青睐。大数据技术可以为每一个领域带来变革性影响。

全球大数据产业的日趋活跃、技术演进和应用创新的加速发展，使各国政府逐渐认识到大数据在推动经济发展、改善公共服务、增进民生福祉，乃至保障国家安全方面的重大意义。

3. 大数据的基本特征

(1) 大容量。截至目前，人类生产的所有印刷材料的数据量是200 PB(1PB =1024 TB)，而全人类说过的所有话的数据量大约是5 EB(1 EB=1024PB)。

当前，典型的个人计算机硬盘的容量为TB量级，而一些大企业的数据量已接近EB量级。

(2) 多样性。多样性使数据被分为结构化数据和非结构化数据。相对于以往便于存储的以文本为主的结构化数据，非结构化数据越来越多，包括网络日志、音频、视频、图片、地理位置信息等。

(3) 价值密度低。传统的结构化数据一般具备特定的用途，数据的信息十分完整，但给数据处理与存储造成了巨大的负担。非结构化数据有效克服了结构化数据的缺陷，提高了数据价值密度。从大数据整体角度出发，为保证数据信息的完整性，计算机会将数据的关联内容进行存储，导致很多价值不高的信息被纳入处理范围，直接降低了数据的整体价值，使数据信息的价值密度降低。

(4) 速度快。速度快主要体现在以下两个方面：一方面是数据产生得快，指数据是爆发式产生；另一方面是数据处理速度快，大数据使用批处理和流处理两种范式，以实现快速地进行数据处理。

【情景1-1】

在大数据和信息化浪潮的推动下，各大企业纷纷拥抱数据可视化技术，为企业决策提供了直观、清晰的依据。对于掌握企业经济命脉的财务部门来说，企业的财务人员已经不再是简单地记账和做报表了，而是借助实用有效的BI(business intelligence，商业智能)工具，构建专业的财务数据分析与展示系统，为企业高层和中层战略决策提供数据分析支持，使管理层可以在最短的时间内掌握企业的财务情况，及时应用于报告、日常会议、决策及战略部署。

4. 大数据的应用领域

(1) 电商行业。电商行业是最早利用大数据进行精准营销的，它根据客户的消费习惯提前生产产品及进行物流管理等，有利于精细化、社会化大生产。

(2) 金融行业。大数据在金融行业的应用范围比较广泛，它更多应用于交易，现在很多股权交易都是利用大数据算法进行的。

(3) 医疗行业。医疗机构是病理报告、治愈方案、药物报告等方面数据都比较庞大的行业，大数据平台可帮助该行业收集不同病例和治疗方案，以及病人的基本特征，建立针对疾病特点的数据库。

(4) 城市服务。大数据还被应用于改善我们日常生活的城市，如智慧园区、智慧社区、智慧公安、能源管控和智慧校园等，满足人们不同的需求。

(5) 安全和执法。现今，大数据已广泛应用于信息安全与执法过程中，如企业应用大数据技术防御网络攻击、警察应用大数据工具捕捉罪犯、银行应用大数据工具拦截欺诈性交易等。

5. 大数据分析在财务领域的应用

大数据分析在财务领域的应用可以从狭义和广义两个角度来分析。

1) 狭义的应用价值

从狭义上来讲，财务领域的大数据分析重点是对与财务相关的数据进行分析，挖掘其中的价值，从而发现企业的财务风险，提升财务管理的效率，比较典型的应用场景是财务共享中心的大数据分析。财务共享中心汇聚了集团企业完整的财务数据，以及大量非结构化数据，如各类合同、各种发票等，采集这些非结构化数据，将其转化成结构化数据，并与财务数据进行对比分析，可以发现企业的各种合同或费用报销中是否存在违反财务政策规定的情况，如发票是否作假、合同是否有过度承诺条款、住宿费用是否超标、部门预算是否超标、是否未经总经理审批直接提请支付大额款项等。通过大数据分析技术，财务人员可以减少企业的财务漏洞和风险，并帮助改善企业的财务管理流程和体系。

2) 广义的应用价值

从广义上来讲，企业的业务与财务正逐渐走向融合，业财一体化是未来的发展趋势，因此财务大数据分析更重要的是通过采集企业内部的经营数据，以及外部的行业市场数据、同业竞争数据等，对企业经营管理过程进行分析，从财务的视角去发现企业在经营管理过程中是否存在问题、是否需要优化、如何才能提升效率等。例如，通过对企业营销数据的分析，可以发现企业在产品研发、客户经营、市场开拓等方面存在的问题，以及对企业财务状况所产生的影响，帮助企业管理人员找到更有效的经营管理方法和改善措施。本书所涉及的内容正是广义的财务大数据分析的范畴。

另外，大数据审计、大数据风控等也属于广义的财务大数据分析的范畴，需要采集大量的财务类、业务类数据，以及外部的数据，从经营合规、风险防范的视角去帮助企业提升管理水平。

1.1.2 云计算

1. 云计算的概念

云计算是一种商业计算模型，它将计算任务分布在大量计算机构成的资源池上，使各种应用能够根据需要获取计算力、存储空间和各种软件服务。云计算从使用范围上划分，可分为私有云和公有云：私有云是为云所有企业或机构内部使用的云；公有云是对外部企业、社会及公共用户提供服务的云。

2. 云计算的发展历程

云计算在经历了电厂模式、效用计算、网格计算和云计算4个阶段后才发展到现在这样比较成熟的水平。

(1) 电厂模式阶段。电厂模式就是利用电厂的规模效应阶段来降低电力的价格,使用方便,无须维护和购买发电设备。该阶段的云计算将大量分散资源集中在一起,进行规模化管理,降低成本,方便用户。

(2) 效用计算阶段。1961年,人工智能之父麦肯锡(James O'Mckinsey)提出了"效用计算"概念,具体目标是整合分散在各地的服务器、存储系统及应用程序来共享给多个用户。

(3) 网格计算阶段。网格计算把需要巨大的计算能力才能解决的问题分成若干小的部分,然后把这些小的部分分配给若干低性能的计算机进行处理,最后把这些计算结果综合起来攻克大问题。

(4) 云计算阶段。云计算的核心与效用计算和网格计算类似,目前在需求方面已经有了一定的规模,同时在技术方面也已经基本成熟。

3. 云计算的基本特征

(1) 支持异构基础资源。云计算可以构建在不同的基础平台上,即可以有效兼容各种不同种类的硬件和软件基础资源。硬件基础资源主要包括网络环境下的三大类设备,即计算(服务器)、存储(存储设备)和网络(交换机、路由器等设备);软件基础资源则包括单机操作系统、中间件和数据库等。

(2) 支持资源动态扩展。支持资源动态扩展,实现基础资源的网络冗余,使添加、删除、修改云计算环境的任一资源节点或任一资源节点异常宕机,都不会导致云环境中的各类业务的中断,也不会导致用户数据丢失。

(3) 支持异构多业务体系。在云计算平台中,可以同时运行多个不同类型的业务。异构表示该业务不是同一的,也不是已有的或事先定义好的,而是用户可以自己创建并定义的服务。

(4) 支持海量信息处理。云计算在底层,需要面对各类众多的基础软硬件资源;在上层,需要能够同时支持各类众多的异构的业务;具体到某一业务时,需要面对大量的用户。因此,云计算要面对海量信息交互,需要有高效、稳定的海量数据通信和存储系统做支撑。

(5) 按需分配,按量计费。云计算平台通过虚拟分拆技术,实现计算资源的同构化和可度量化,可以提供小到一台计算机,多到千台计算机的计算能力。按量计费起源于效用计算,在云计算平台实现按需分配后,按量计费也成为云计算平台向外提供服务时的有效收费形式。

4. 云计算的应用领域

(1) 存储云。存储云也称为云存储,是在云计算技术上发展起来的一个新的存储技术。存储云是一个以数据存储和管理为核心的云计算系统,用户可以将本地资源上传到云端上,也可以在任何地方连入互联网来获取云上的资源。存储云向用户提供了存储容器服务、备份服务、归档服务和记录管理服务等,大大方便了使用者对资源的管理。

(2) 医疗云。在云计算、移动技术、多媒体、通信、大数据及物联网等新技术基础上，结合医疗技术，使用云计算来创建医疗健康服务云平台，实现了医疗资源的共享和医疗范围的扩大。例如，医院的预约挂号、电子病历、医保等都是云计算与医疗领域结合的产物。

(3) 金融云。利用云计算的模型，将信息、金融和服务等功能分散到庞大分支机构构成的互联网"云"，旨在为银行、保险和基金等金融机构提供互联网处理和运行服务，同时共享互联网资源，从而解决现有问题并达到高效、低成本的目标。

(4) 教育云。教育云是教育信息化的一种发展，可以将所需要的任何教育硬件资源虚拟化，然后将其传入互联网中，以向教育机构、学生和老师提供一个方便快捷的平台。例如，现在流行的慕课，以及清华大学推出的MOOC平台——学堂在线等都是教育云的一种应用。

5. 云计算在财务领域的应用

依托于云计算，财务云能够实现财务信息系统的云化来部署一大型企业自建私有云，将整个财务信息系统的功能集成在云计算平台中，任何财务业务操作都可以通过任一终端在云计算平台上完成。中小企业可以采用公有云服务，无须自建财务信息系统，直接租用第三方企业提供的软件即服务(software as a service，SaaS)财务应用，实现财务服务的按需使用。

【情景1-2】

> 九州通医药集团股份有限公司(以下简称"九州通")是一家科技驱动型的全链医药供应链服务型企业，公司立足于医药流通、物流服务及医疗健康等大健康行业，主营业务包括医药分销与供应链服务、总代总销与工业自产、数字零售、数字物流与供应链解决方案、医疗健康与技术增值服务五大方面。公司自2010年11月2日在上海证券交易所挂牌上市(股票简称：九州通，代码：600998)以来，实现了持续稳定的高质量发展，连续多年位列中国医药商业企业第四位，领跑中国民营医药商业企业，并位列2021年《财富》(中文版)500强第93位。作为中国医药流通行业最大的民营企业之一，公司通过建立标准化、智能化财务共享服务云平台和建设数字化供应链平台等方式，全力提升管理能力和服务水平。

1.1.3 区块链

1. 区块链概述

区块链(blockchain)是分布式数据存储、点对点传输、共识机制、加密算法等计算机技术的新型应用模式。

区块链是比特币的一个重要概念，它本质上是一个去中心化的数据库，同时作为比特币的底层技术，是一串使用密码学方法产生的数据块，每一个数据块中包含了一批次比特币网络交易的信息，用于验证其信息的有效性(防伪)和生成下一个区块。

> 【情景1-3】
>
> 《比特币白皮书》英文原版其实并未出现 blockchain 一词，而是使用的 chain of blocks。最早的《比特币白皮书》中文翻译版中，将 chain of blocks 翻译成了"区块链"，这是"区块链"这一中文词最早出现的时间。

2019年1月10日，国家互联网信息办公室发布《区块链信息服务管理规定》，并自2019年2月15日起施行。

区块链是一种按照时间顺序将数据区块以顺序相连的方式组合成的一种链式数据结构，并以密码学方式保障的不可篡改和不可伪造的分布式账本。

广义来讲，区块链是利用块链式数据结构来验证与存储数据、利用分布式节点共识算法来生成和更新数据、利用密码学的方式保障数据传输和访问的安全、利用由自动化脚本代码组成的智能合约来编程和操作数据的一种全新的分布式基础架构与计算方式。

2. 区块链的核心优势和基本特征

1) 核心优势

区块链体系结构的核心优势有以下几方面。

(1) 任何节点都可以创建交易，经过一段时间后，就可以合理地确认该交易是否有效，区块链可有效防止双方问题的发生。

(2) 对于试图重写或修改交易记录而言，它的成本是非常高的，因此，可以防止别人随意篡改。

(3) 区块链实现了两种记录：交易(transactions)及区块(blocks)。交易是被存储在区块链上的实际数据，而区块则是记录、确认某些交易是在何时，以及以何种顺序成为区块链数据库的一部分。交易是由参与者在正常过程中使用系统所创建的(在加密数字货币的例子中，一笔交易是由bob将代币发送给alice所创建的)，而区块则是由称为矿工(miners)的单位负责创建。

2) 基本特征

(1) 去中心化。由于使用分布式核算和存储，不存在中心化的硬件或管理机构，所以任意节点的权利和义务都是均等的，系统中的数据块由整个系统中具有维护功能的节点来共同维护。

(2) 开放性。系统是开放的，除交易各方的私有信息被加密外，区块链的数据对所有人公开，任何人都可以通过公开的接口查询区块链数据和开发相关应用，因此整个系统信息高度透明。

(3) 自治性。区块链采用基于协商一致的规范和协议(如一套公开透明的算法)使整个系统中的所有节点能够在信任的环境中自由安全地交换数据，使得对"人"的信任改成了对机器的信任，任何人为的干预不起作用。

(4) 信息不可篡改。一旦信息经过验证并添加至区块链，就会永久地存储起来，除非能够同时控制住系统中超过51%的节点，否则单个节点上对数据库的修改是无效的，因此区块链具有极高的数据稳定性和可靠性。

(5) 匿名性。由于节点之间的交换遵循固定的算法，其数据交互是无须信任的(区块链中的程序规则会自行判断活动是否有效)，因此交易对手无须通过公开身份的方式让对方对自己产生信任，这对信用的累积非常有帮助。

3. 区块链在财务领域的必然性

1) "互联网+"下财务活动面临的问题

在"互联网+"、大数据背景下，财务管理依然是各行业企业进行筹融资获得现金流，形成企业资产，从而提高市场占有率，降低经营风险，增强企业综合实力，实现企业价值最大化的重要活动。但"互联网+"下的财务管理出现了交易成本高、支付结算周期长、人机协同下的信任等问题，主要如下。

(1) 会计信息难以确保真实、可靠。"互联网+"背景下，财务管理是一项人机协同的活动。在人机协同完成财务工作的过程中，数据信息未被"标记"，无法保证原始交易数据信息在多方传递过程中的精确性。在财务活动中，原始的交易信息或会计处理结果很容易被人为篡改和伪造，从而出现企业为虚增利润进行关联方交易，甚至伪造销售合同，篡改发票金额等隐蔽真实交易的行为，以增加收入，降低费用，严重影响了会计信息在确认、记录、计量、报告等一系列财务活动中的真实、可靠性。

(2) 交易成本高。由于人的"有限理性"和"机会主义行为"，为确保交易达成，总会需要支付额外的费用。在财务管理的筹投资活动中，交易成本高，原因有两个方面：一方面在于中介机构(如银行等支付中介、托管、公证)等，中介机构使得资金间接地在交易双方中转移，在这个过程中，由于资金流转次数增加，交易费用相对于直接在交易双方中流转成本较高；另一方面，由于信息不对称，使企业在财务管理活动中增加了信息查询、搜索等环节，发生诸如谈判成本、签约成本等费用。

2) 区块链技术在财务领域的应用优势

(1) 分布式账簿，精确化财务信息。在区块链技术下，不同于传统的由单个中心进行财务信息的确认、计量等财务过程的"集中式记账模式"，区块链的分布式账簿由全网参与者共同记账，共同公证，无中心、无权威，并在计算机中设定。程序模式下及时对参与方输入的信息进行确认，最终形成全网没有重复记录的、精确的信息数据库。以财务信息为基础生成的信息数据库在区块链中透明公开，形成了共享账本，共享账本可以改变传统财务复式记账法下会计信息重复处理带来的财务管理漏洞，可有效减少传统"人机协同"模式下产生的交易双方对账、纠错成本，以及库存现金短缺、财务账簿等财会资料被销毁等问题。此外，分布式账簿分散了单个财务参与者的会计责任，避免了由于单个会计信息记录偏差引起的一系列财务信息失真问题，保证了原始会计信息的精确性。

(2) 哈希算法，固化财务信息。哈希算法是一种单向密码体制，信息在形成全网无重复记录的精确数据库后，计算机将其打包形成一个"区块"，加盖时间戳，记录数据写入时间，将整个区块加入时间维度，再根据时间序列通过数据密码(哈希值)与上一个区块相连接。由于每一个区块的信息都是在全网参与者达成一致共识后形成的真实信息，并且哈希算法的加密过程是不可逆的，即任何参与者都不能修改时间戳上的信息，因而相对于传统记账模式下的财务信息，区块链技术下的财务信息是一种被固化的财务交易信息，原则上不可篡改。历史财务信息的固化减少了原始财务信息在确认、记录、计量和报告环节被修改、删除、伪造的可能性，为企业参与市场交易活动提供了真实、可靠的信息，有效解决了市场参与者由于自身利益而进行信息隐匿，进而导致不平等利益侵占的问题。

(3) 去中心化，降低财务运作成本。在区块链技术下，全网参与者无须依赖于单个中心化的服务器进行交易，而是分布式的，通过网络节点来运行，实现点与点的直接交易，从而取代了交易双方或多方依托的第三方中介信任机构，避免了交易过程中出现的如信用、清算和信息泄露的管理风险。同时点对点的直接交易，可有效减少资金在多中间机构来回运转的交易费用，还可提高交易速度。

(4) 智能合约，提高信息处理能力。智能合约是能够自动执行合约条款的计算机程序，是一套合约参与方以数字定义的协议。当满足预设的条件时，合约能自动执行相应的条款，无须人为干预。同时智能合约能够自动获取资源，即通过服务等获取资金，当需要时也会自主使用这些资金。合约参与方在交易过程中并不依赖于单个中心化的服务器，而是分布式的，通过网络节点来运行，从而在提升合约可信度的同时有效解决由于信任机制带来的高额的交易成本。基于电子数据完成的合约极大地简化了财务处理，提高了财务信息处理效率，有望在金融行业的抵押贷款，或者遗产分配中应用。

区块链可以通过分布式账簿精确原始财务信息，利用哈希值固化信息，使得信息不可逆、不可篡改，在去中心化和智能合约条件下降低成本，提高信息处理能力，给"互联网+"下财务管理出现的新问题带来了新的解决方法。

1.1.4 人工智能

1. 人工智能的概念

人工智能(artificial intelligence，AI)是研究、开发用于模拟、延伸和扩展人的智能的理论、方法、技术及应用系统的一门新的技术科学。

人工智能是计算机科学的一个分支，其生产出一种新的能以人类智能的方式做出反应的智能机器,该领域的研究包括机器人、语言识别、图像识别、自然语言处理和专家系统等。

2. 人工智能的发展历程

人工智能的发展历程可划分为以下6个时期。

(1) 起步发展期(1956年到20世纪60年代初)。人工智能概念提出后,相继取得了一批令人瞩目的研究成果,如机器定理证明、跳棋程序等,掀起了人工智能发展的第一个高潮。

(2) 反思发展期(20世纪60年代初—20世纪70年代)。人工智能发展初期的突破性进展大大提升了人们对人工智能的期望,人们开始尝试更具挑战性的任务,并提出一些可能无法实现的研发目标。然而,接二连三的失败和预期目标的落空(例如,无法用机器证明两个连续函数之和还是连续函数、机器翻译闹出笑话等),使人工智能的发展走入低谷。

(3) 应用发展期(20世纪70年代初—20世纪80年代中)。20世纪70年代出现的专家系统能模拟人类专家的知识和经验解决特定领域的问题,实现了人工智能从理论研究走向实际应用、从一般推理策略探讨转向运用专门知识的重大突破。专家系统在医疗、化学、地质等领域取得成功,推动了人工智能走入应用发展的新高潮。

(4) 低迷发展期(20世纪80年代中—20世纪90年代中)。随着人工智能的应用规模不断扩大,专家系统存在的应用领域狭窄、缺乏常识性知识、知识获取困难、推理方法单一、缺乏分布式功能、难以与现有数据库兼容等问题逐渐暴露出来。

(5) 稳步发展期(20世纪90年代中到2010年)。由于网络技术特别是互联网技术的发展,加速了人工智能的创新研究,促使人工智能技术进一步走向实用化。1997年,国际商业机器公司的深蓝超级计算机战胜了国际象棋世界冠军加里·卡斯帕罗夫(Garry Kasparov);2008年,IBM提出"智慧地球"的概念,这些都是这一时期的标志性事件。

(6) 蓬勃发展期(2011年至今)。随着大数据、云计算、互联网和物联网等信息技术的发展,泛在感知数据和图形处理器等计算平台推动以深度神经网络为代表的人工智能技术飞速发展,大幅跨越了科学与应用之间的"技术鸿沟"。

【情景1-4】

人工智能,是一个以计算机科学为基础,由计算机、心理学、哲学等多学科交叉融合的交叉学科、新兴学科,也是研究、开发用于模拟、延伸和扩展人的智能的理论、方法、技术及应用系统的一门新的技术科学,其企图了解智能的实质,并生产出一种新的能以人类智能相似的方式做出反应的智能机器,诸如图像分类、语音识别、知识问答、人机对弈和无人驾驶等人工智能技术实现了从"不能用、不好用"到"可以用"的技术突破,迎来爆发式增长的新高潮。

3. 人工智能的基本特点

人工智能主要是大数据基础上的人工智能，具有以下5个特点。

(1) 从人工知识表达到大数据驱动的知识学习技术。

(2) 从分类型处理的多媒体数据转向跨媒体的认知、学习、推理(这里的"媒体"不是新闻媒体，而是界面或环境)。

(3) 从追求智能机器到高水平的人机、脑机相互协同和融合。

(4) 从聚焦个体智能到基于互联网和大数据的群体智能，它可以把很多人的智能集聚融合起来变成群体智能。

(5) 从拟人化的机器人转向更加广阔的智能自主系统，如智能工厂、智能无人机系统等。

4. 人工智能的应用领域

(1) 智能医疗。从技术细分角度来看，智能医疗主要包括：使用机器学习技术实现药物性能、晶型预测和基因测序预测等；使用智能语音与自然语言处理技术实现电子病历、智能问诊和导诊等；使用机器视觉技术实现医学图像识别、病灶识别和皮肤病自检等。从应用场景来看，智能医疗主要有虚拟助理、医学影像、辅助诊疗、疾病风险预测、药物挖掘、健康管理、医院管理和辅助医学研究平台等八大"AI+"医疗市场应用场景。

(2) 智能驾驶。智能驾驶涉及的领域包括芯片、软件算法、高清地图和安全控制等，目前主要商业产品有无人驾驶出租车、无人驾驶卡车、无人巴士和无人驾驶货车。无人驾驶车辆设计拥有更高的安全性且能极大地降低人力成本，成为诸多相关企业关注的焦点。

(3) 智慧生活。智慧生活是一个以IoT(物联网)为基础的家居生态圈，其主要包括智能照明系统、智能能源管理系统、智能视听系统和智能安防系统等。市场热点集中在硬件支持、智慧场景应用、产品、平台等方面，主要有机器学习、无线模块、智能家庭平台、智能家居娱乐系统、家居安防和健康家庭医疗系统等智能家居市场热点。

(4) 智慧金融。智慧金融主要包括智能风控、智能投顾、智能投研、智能支付、智能营销和智能客服等。从金融角度来讲，人工智能的发展依附产业链涉及资金获取、资金生成、资金对接到场景深入的资金流动全流程，主要应用于银行、证券、保险、P2P和众筹等领域。

(5) 智慧零售。智慧零售将实现零售购物的全面无人化、定制化和智能化，实现消费者购物体验的全面升级。典型的应用场景主要有智能提车和找车、室内定位及营销、客流统计、智能穿衣镜、机器人导购、自助支付和库存盘点等场景。

(6) 智能安防。智能安防是人工智能最先大规模应用，并持续产生商业价值的领域，主要依托低速无人驾驶、环境感知、目标检测、物体识别和多模态交互等技术，实现目标跟踪检测与异常行为分析、视频质量诊断与摘要分析、人脸识别与特征提取分析和车辆识别与特征提取分析等，实现平安城市、园区智能安防、校园智能安防、家居智能安防和金融智能安防等一体化智能建设。

(7) 智慧农业。智慧农业是农业生产的高级阶段，是集互联网、移动互联网、云计算和物联网技术为一体，依托部署在农业生产现场的各种传感节点(环境温湿度、土壤水分、二氧化碳和图像等)和无线通信网络实现农业生产环境的智能感知、智能预警、智能决策、智能分析和专家在线指导，为农业生产提供精准化种植、可视化管理和智能化决策。

5. 人工智能在财务中的应用

近年来人工智能的理论和技术日益成熟，其应用领域也不断扩大。在财务领域中，人工智能大大提高了会计信息质量和工作效率，使企业决策更加科学、有效。

1) 基于数据识别及语音识别的应用

这一类的应用是连接人与机器、数据与机器的桥梁，是人工智能在财务领域中应用的基础。简单地说，该类应用是把纸质或影音图像化的数据转换成计算机能够计算的结构化数据。

(1) 智能识票。传统模式下，在取得发票后，财会人员要人工核对票面信息，然后到税务局网站验票，时间成本很大。而采用了人工智能的数据识别技术后，可以做到智能识票，通过OCR(optical character recognition，光学字符识别)方式，完成纸质发票或电子发票录入和审核工作。在智能识票后，配套链接税务系统，能够完成从发票信息提取→发票验证→单据签收→智能审核的自动化流程。

2019年，RPA(robotic process automation，机器人流程自动化)市场开始火热，财务机器人的工作主要分为订单发票的查验和审核两部分，通过使用RPA的财务机器人，发票查验过程只需要人工干预输入验证码即可，其余过程全部由机器人代替，而订单发票的审查过程则全程由RPA完成，只需要人工设定审核标准即可，如此一来，订单发票的查验和审核效率大大提升，同时也减少了人为因素导致的错误。

(2) 语音识别。语音识别是人机交互的一大创新功能，传统操作方式主要是通过鼠标键盘输入指令，以财务软件系统为中心，且每换一个财务信息系统，财会人员就要重新学习操作方法。在人工智能操作方式下，财务信息系统以用户为中心，可以通过语音对话功能录入指令，完成原始凭证录入、数据查询等工作，还能省去学习新系统操作方法的时间。特别是在财务信息系统扩展到手机移动端后，语音识别功能更增加了用户使用的便捷性。现今，人工智能在语音方面的交互性已十分强大，可以提取语音中的关键信息，自动进行归纳分类，直接存储在"大脑"中。

2) 基于大数据处理的应用

这一类的应用是在完成原始凭证等相关基础数据识别和收集的基础上，替代大部分财会人员完成重复性、机械性的工作，解放财会人员双手的一类应用。人工智能可以快速处理大量数据、24小时不间断地工作、提高数据精准度，大幅节省了财会人员的体力和精力。

(1) 基础财务工作。人工智能可以利用高效的数据处理能力完成大部分的基础财务核算工作，主要包括：①账务处理。在获取基础数据后，自动完成账务处理，月末自动生成各类报表；在单体报表完成后，还能自动完成关联交易核对，并自动完成合并财务报表。②对账。完成往来账款额核对，并能对超期的应收账款进行自动预警；完成银企账户数据的核对，并自动生成银行存款余额调节表。③税务工作。通过纳税申报数据自动采集及连接税务系统方式，完成纳税申报及数据核对；通过财务信息系统和税务系统的连接，完成开具发票工作。

(2) 预算编制和财务分析。计算机系统每秒几十亿次的计算能力是人工无法超越的，在预算编制和财务分析方面，人工智能可以很好地运用这一优势。①预算编制。传统的预算编制方法主要有滚动预算、零基预算和弹性预算，这些编制方法的缺点是工作量大。采用人工智能后，可大大减少编制时间，提高编制效率。②财务分析。手工分析情况下，做分析图表会耗费大量时间，而人工智能可以自动出具相关分析数据图表，并可以实现多维分析，指出成本费用中的差异及不合理之处，提出相对改善建议。

(3) 业务、财务系统一体化。业务和财务的融合，是财务管理的发展方向，而人工智能的出现，可以促成业务和财务资源的整合，加快实现业务、财务系统一体化。①费控系统自动化。通过数据识别原始凭证功能，配套费控平台系统，即可完成费用报销、款项支付的自动化。费用报销流程如下：员工扫描报销单据→OCR自动识别原始凭证信息→员工在报销平台提交申请→财务审核→自动完成发票真伪、报销标准、预算监控的审核→流程审批→审批后发送给财务自动付款→自动账务处理。②ERP系统与财务信息系统一体化。人工智能可以实现让财务信息系统自动抓取ERP系统中的成本管理和销售数据，除可以自动完成凭证生成工作外，还能针对成本和销售数据的分析处理，提出合理化建议。

3) 基于辅助决策的应用

这一类的应用是人工智能根据数据处理生成的企业报表、分析报告，建立专门的分析模型，辅助企业决策。另外，站在财务的角度分析业务风险时，越能还原业务真相，就越能发现问题。传统的财务风险分析，原始凭证是第一手信息，再结合其他信息化技术，即可完整地查看整个业务，那么原始凭证信息在纸面上或影像化文件上时，我们如何获取此类数据进行量化分析呢？

(1) 经营预测。传统经营预测，企业主要依靠单一模型和数据来预测，有时甚至是"拍脑袋"决定，主观性较大。而人工智能可以在完成历史数据对比分析的前提下，运用不同的会计模型和方法，建立相应的数据模型进行跟踪分析，对企业的各类投资及未来利润水平等重大事项进行预测。

(2) 内控管理。传统内控管理依赖于财会人员的经验，在人工智能下，只要把相关的内控规则录入系统，就可以帮助企业更好地执行内控制度，主要有以下几方面：①针对预算执行异常情况或超合同支付等，人工智能可以实现自动预警和监控,增强了企业的风险识别能力,让企业能第一时间采取措施应对风险。②人工智能可以更好地完成不相容职务分离控制和授权审批控制,防止越权审批、人为造假,特别是"三重一大"(重大事项决策、重要干部任免、重要项目安排)事项,更是可以直接设置集体联签流程,保障制度的有效运行。

(3) 绩效评价。在绩效评价时,上级公司对下级企业设定一些定性和定量的考核指标,如KPI指标、EVA指标或平衡计分卡等,计算工作量大,而且往往还存在各种"人情加分",导致不公平现象的产生。人工智能下,企业可以提前将绩效考核指标录入系统,年底系统根据指标完成情况自动完成绩效打分,省时省力,还能最大限度地保证评价的公平公正。

第二节 智能化会计

1.2.1 财务云

1. 财务云的概念

财务云一词最早由中兴财务云在2011年正式提出。由于中兴通讯公司全球化业务的快速扩展,出于经营管理对财务转型的要求,公司将各个业务单位的财务基础工作予以标准化、流程化,并集中至财务共享服务中心处理,于是,国内第一家财务共享服务中心——中兴通讯财务共享服务中心于2005年正式成立。2010年,在研讨云计算技术发展趋势时,中兴通讯财务共享服务领导团队认为:云计算是会计工作未来发展的趋势,云计算和财务结合会推动财务共享服务中心的发展;同时,财务共享服务中心的内核是企业内部财务计算能力的集合,非常符合云计算的特征——无时不在,无处不在,且随需取用。我们不知道它在哪里,由谁提供,但只要提出服务请求,就会即刻响应,随时获取满足需求的财务服务。2011年,中兴通讯财务共享服务中心正式更名为"财务云"。

2. 财务云的解释

我们认为,理解财务云,可以从财务共享服务、融合新兴技术、提供5A云服务和建立大数据中心4个关键词入手。

(1) 财务共享服务。财务云是一种基于财务共享服务的管理模式,将分散、重复、量大的财务交易处理业务全面纳入共享服务中心进行集中处理,实现财务的标准化、专业化和流程化,完成财务的"工业化革命",让分支机构的财务人员从财务基础业务中释放出来,以将更多的时间和精力投入经营决策支持等更有价值的工作中。

财务共享服务是财务转型的第一步,共享服务促进了财务组织与财务职能的再造,在共享服务基础上,企业能够建立"三分天下"的财经管理体系:战略财务在集团层面发挥控制和管理职能,负责公司计划和政策的制定,为企业经营管理提供决策支持;业务财务深入业务单位,成为一支深入价值链的财务团队,对业务单位提供业务管理支持;共享服务中心处理企业的基础核算业务,为战略财务和业务财务提供支持。

(2) 融合新兴技术。财务共享服务完成了流程和组织的变革,实现了财务交易处理业务的集中化、规模化、流程化效应,为新兴技术的应用提供了实现场景,也推动了信息技术在财务领域的创新应用,例如,依托于云计算,财务云能够实现财务信息系统的云化部署——大型企业可以自建私有云,将整个财务信息系统的功能集成在云计算平台中,任何财务业务操作,都可以通过任何一个终端,在云计算平台上完成;中小企业可以采用公有云服务,无须自建财务信息系统,直接租用第三方企业提供的软件即服务(SaaS)财务应用,实现财务服务的按需使用。

采用"微服务+数据中台+接口平台+配置平台+监控平台"的设计理念进行系统架构,财务云能够实现财务系统和业务系统的全面连接,发挥企业财务中台的作用,建立数据采集和数据加工的数字化基础设施。

借助OCR智能识别、智能审核、机器学习等技术来完成财务业务处理的智能化,财务云能够实现连通、高效、智能的目标;通过应用大数据挖掘、大数据分析、知识图谱等技术,使财务部门成为企业的大数据中心、"数字神经网络",帮助企业在海量数据中挖掘有效信息,有效识别机会、预判风险。

(3) 提供 5A 云服务。财务部门有许多利益相关者,包括员工、客户、供应商、股东,以及企业外部的税务局、银行、工商部门等,都是财务服务的对象。

财务云通过标准化和端到端的流程管理,借助新兴技术的不断应用,低成本、高效率地为利益相关者提供 5A 式财务云服务。

【情景1-5】

无论身处何地,只要需要相关财务信息、财务服务,如报销、审核、开票、结算、税务服务等,任意一位用户都可以在相关财务系统中提出需求;用户不需要知道财务共享服务中心在哪里,也不用知道财务内部处理流程,只需提交自己的请求,财务共享服务中心就可以为用户提供相关信息和服务。即任何人都可以随时随地、通过任意设备便捷地获取所需的财务服务,这就是5A 云服务,而支撑起这种服务的,正是财务云。

财务云大大提高了财务业务处理效率,提升了利益相关者对财务服务的满意度。

(4) 建立大数据中心。财务云应致力于成为企业的"Google"、大数据中心。

财务云帮助企业建立财务与业务的广泛连接，使财务部门拥有大量数据的采集能力，实现大规模地采集利益相关者的交互数据，包括：①"我情"，即企业自身的状况；②"客情"，即所有连接者的信息，包含客户、供应商、员工等；③"竞情"，即潜在的业务机会、竞争关系；④"国情"，即国家经济环境和政策、国际经济趋势等。这四类数据合在一起，就是财务的大数据，用大数据协助经营，可提高企业价值。

财务云将获取到的企业经营过程中的大量数据转化成信息、沉淀为知识、凝结成智慧。财务报表将摆脱"精确而不准确"的传统定位，由最小数据集向大数据转变，数字化、可视化地提供利益相关者真正需要的信息，为业务财务、战略财务和经营单位提供财务数据服务，为管理层提供经营决策支持，为实现企业数字化赋能。

1.2.2 会计大数据分析与处理技术

1. 会计大数据分析与处理技术的概念

会计大数据分析与处理技术在大数据技术架构体系下发展而来，是将会计大数据予以价值化的有效手段。国际数据公司(international data corporation，IDC)对大数据的技术定义是：通过高速捕捉、发现或分析，从大容量数据中获取价值的一种新的技术架构。从大数据的生命周期来看，大数据技术可分为大数据采集、大数据存储与处理、大数据挖掘、大数据可视化、大数据服务、大数据安全与隐私保护等。随着数据特征的不断变化及对数据价值释放诉求的不断增加，大数据技术从围绕海量数据存储、处理计算的基础技术，逐步延伸为同配套数据治理、数据分析应用、数据安全流通等助力数据价值释放的周边技术组合起来形成的整套技术生态。

2. 会计大数据分析与处理技术的分类

会计大数据分析与处理技术是帮助企业实现会计大数据向信息、知识、智慧转变的重要和必要工具。按照从原始数据产生到价值释放的过程中涉及的技术应用，本文将会计大数据分析与处理技术分为大数据存储与计算技术、数据治理技术、数据采集技术、数据清洗技术、数据分析技术和数据可视化技术。

(1) 大数据存储与计算技术。大数据存储与计算技术是进行会计大数据分析与处理的基础技术。随着数据的"井喷式"增长，传统的集中式计算架构及传统关系型数据库单机的存储与计算瓶颈逐渐显现，海量数据的存储、计算需要更专业的技术支持，由此产生了当前主流的分布式架构。

简单来说，分布式架构，是一套将多台计算机通过网络连接起来协同工作的技术体系，包括分布式存储、分布式计算等。以分布式存储来说，核心技术原理是将分散的存储资源构建成一个虚拟的大容量存储资源，将分散的多台机器整合为具备大数据存储能力的集群,从而满足实践中对大规模数据存储的需要。分布式计算与分布式存储的技术理念相似,主要是将大规模的数据处理任务分解成若干个小任务进行并行计算,计算完成之后再进行结果的整合。

会计大数据涵盖企业经营的方方面面,底层大数据存储和计算技术的高存储、高算力及可扩展性为企业构建会计大数据平台,以及满足各业务场景的数据交互计算和复杂算法应用提供了基础。

(2) 数据治理技术。数据治理是识别企业的数据资产,建立统一、可执行的数据标准和数据质量体系,保障数据安全合规,实现数据资源在全企业范围内的共享,促进数据资产持续创造价值的一整套管理体系,包括元数据管理、主数据管理、数据质量管理、数据标准管理等方面。

完善的数据治理体系是数据得以发挥价值的重要基础,如果财务不重视或不进行有效的数据治理工作,则在提供数据服务的过程中会出现诸多问题,影响数据使用的效率和效果。例如,如果费用类型、会计科目、银行账户、项目等会计主数据编号和标识不统一,那么在跨部门使用过程中就会出现主数据不规范、口径不一等问题;如果不对数据质量进行界定和评估,就可能会出现数据准确性不高、时效性低、数据重复等问题。

会计大数据的数据治理从属于企业级的数据治理,通常企业会建立整体层面的数据治理平台,将数据标准、数据架构、数据质量方面的规划和治理成果及数据安全相关政策规定的要求落地。而数据治理平台规划和建设同样需要财务部门的协作,通过规划数据治理平台系统建设,实现业财数据在各系统之间的调用,设置数据校验规则对数据的安全性、及时性、完整性、逻辑性、唯一性等进行校验,将数据问题直接反馈至责任部门,切实实现数据质量的持续提升。

(3) 数据采集技术。没有数据,数据分析就无从谈起。数据采集是指通过不同的技术应用获取来自不同数据源及各种类型的海量数据的过程。常见的数据采集工具有条形码、传感器、RFID(radio frequency identification,射频识别)、OCR(光学字符识别)、网络爬虫、API(application programming interface,应用程序接口)、数据库、系统日志、埋点等。

针对会计大数据的采集,对于发票、火车票等数据载体上的结果数据,以中兴新云票联系统为例,可通过微信卡包或拍照OCR智能识别等方式采集多类票据信息,能够对多张混拍纸质发票进行智能切割、校正去噪,并按照发票类型提取字符图像的特征,进行智能分类,支持对电票、专票、普票、火车票、出租车票等多种票据全票面信息的识别和采集,助力形成发票及员工行程大数据,为企业税务分析及费用分析提供数据基础。

对于企业与外部利益相关者进行交易时产生的交易数据,可通过企业业务系统、财务核算系统使用的数据库进行数据采集。对于企业经营过程中产生的行为数据,可通过系统日志、传感器等工具进行采集。对于如宏观环境、物流状态、客商股权架构等外部网络数据,可通过爬虫、API接口或外部数据库等方式采集。

(4) 数据清洗技术。会计大数据由于其数据来源广泛,且数据类型和数据结构较为复杂,容易产生数据缺失、重复、错误等很多"脏"数据,因此在数据采集之后需要先进行数据清洗来保证数据的准确完整、可靠有效。数据清洗是指按照一定规则对"脏"数据进行处理的过程,通过去噪、数据过滤、数据聚合、数据修正等方式剔除数据中的噪音和干扰项来提高数据质量。ETL(extract-transform-load)是常用于大数据清洗的解决方案,其主要功能是将来自多异构数据源的数据经过抽取、清洗、转换,最后加载至数据仓库或其他目的端的过程。财务部门在出具各种分析报表时(例如,统计分析某一区域各月度及各产品的销售和竞争对手销售情况),从内部各系统或外部网络渠道采集的数据可能存在数据更新不及时、系统运行异常等问题,导致销售量与金额不匹配等逻辑错误;某月份竞争对手销售量等数据由于难以获取而出现数据缺失;某产品销售额及销售量数据值异常,与常识不符等问题,这种情况需借助合适的数据清洗工具通过设置相应的清洗规则来保证数据的可用性。

(5) 数据分析技术。数据分析可分为数据探索和数据算法两部分。数据探索是介于数据清洗和数据算法之间的重要环节,是通过作图制表、计算统计量等方法来探索数据内在结构和规律,了解数据集自身特点及数据间的相互关系的一种开放性分析方法,可帮助了解数据的整体情况,对数据的主要特征、规律进行概括,为后续数据算法模型的构建和选择提供基础。数据算法是一系列有助于解决问题和实现目标的规则,通过对一定规范的输入,按照明确、有限、可行的操作步骤,实现期望结果的输出,是企业得以在海量数据中深入探索数据规律和发掘有效信息的关键。算法是为了解决问题而存在,正是因为企业经营过程中存在各种各样的决策问题,所以算法也是多样化的。近年来,随着机器学习、深度学习、自然语言处理等人工智能技术的发展,数据算法也在不断迭代和优化。按照不同的业务需求,常见数据算法可分为五类:分类算法(逻辑回归、线性判别分析、决策树、朴素贝叶斯、支持向量机等)、聚类算法(K-means聚类、K均值聚类等)、回归算法(线性回归、多项式回归、逐步回归等)、关联规则算法(Apriori、FP-Growth等)及时间序列算法(平滑模型、ARIMA等)。

在财务工作过程中,需要根据不同的决策场景选择合适的算法模型。例如,当通过历年销售收入数据预测下一月度及季度的销售收入时,可以利用在时间序列模型中输入影响收入的相关变量及参数,得出相应的预测数据值,管理层可根据计算出的预测值与目标值的差额及时调整营销策略。

(6) 数据可视化技术。数据可视化是指利用计算机图形学和图像处理技术,将数据及分析结果转换成图形或图像在屏幕上显示出来,再进行交互处理的理论、方法和技术。可视化能够让复杂的信息更加简洁和易于理解,而且能够提供全貌数据和实时信息。数据可视化可以仪表盘、BI报表、数字化大屏、经营看板等形式进行展现,例如,中兴新云财经云图可按照业务场景输出费用分析、采购供应商分析、资金运营分析等多类型可视化报表。以费用分析可视化报表为例，财经云图可清晰展示企业整体费用支出情况(累计费用、月度费用分布、各类型费用分布等)、交易方情况(交易方数量、交易方地区、交易方排行等)、进项发票情况(发票类型统计、待认证发票、待抵扣发票等)、差旅费情况(月度差旅费用、热门航司、常住酒店等)等信息。

3. 会计大数据分析与处理技术的应用成效

数字经济时代，企业数字化转型已是大势所趋，财务数字化是企业数字化的重要组成部分，数字技术的发展不仅会改变财务的未来，更会改变企业管理和业务的未来。

(1) 助力管理决策向数据驱动转变。数据作为新型生产要素，是帮助企业在复杂多变、竞争激烈的市场环境中获得持续性竞争优势的重要资源，数据价值链是数据发挥价值的途径，包括业务需求分析、数据采集、数据清洗、数据探索、数据算法、数据可视化六大步骤。而会计大数据分析与处理技术是财务数据价值链的重要实现工具，使得财务部门能够将数据作为一种服务产品输送到各个业务部门和企业经营过程当中，帮助企业构建"数据+算法"的新型数据驱动决策机制替代传统的经验直觉式决策，管理决策将会更加科学高效、精准及时。

(2) 推动财务职能向运营管理拓展。企业对于数据价值的渴望及会计大数据分析与处理技术的进步，使得财务职能在财务会计和管理会计的基础上进一步向前拓展，即发挥企业运营管理职能，以数据为指引为企业提供运营监控和数字化建议。财务将基于数据洞察，分析企业发展轨迹和路径，研究过去得失、预测未来发展规律，成为企业的"数字神经系统"，为企业的每一个运营场景提供全业务支持，帮助企业发现更多的新兴商业模式，实现新的价值创造。

(3) 促进财务人员向经营顾问转型。随着大数据、RPA等新兴技术和工具在财务领域的深入应用，财务职能得以进一步发展，大量的基础性处理工作可以由系统自动完成，财务人员需重新审视自身在新时代的角色和价值，积极拥抱数字技术驱动下的财务发展机遇，不断拓展自身能力结构，成为懂会计规则、懂管理方法、懂技术工具、懂数据科学和懂商业战略的综合型财务人才，将更多的时间和精力用在企业数据分析和决策支持上，推动企业价值创新。

1.2.3 流程自动化

流程自动化包括IPA(intelligent process automation，智能流程自动化)和RPA(robotic process automation，机器人过程自动化)。

1. IPA

IPA(智能流程自动化)是一种用于运营和维护业务流程的数字解决方案，使用自然语言处理(NLP)、人工智能(AI)、机器学习(ML)和感知文档理解等技术使其成为可能。IPA利用人工智能技术模仿人类的智力，提供需要思考、判断、决策和分析的高功能活动所需的工具和技术。此技术解决方案至关重要，因为它允许人员(如客户服务代表)花更多的时间与消费者交谈并建立关系。

智能流程自动化使公司可以将注意力集中在更重要的公司活动上，从而节省了时间。下面让我们来看一下IPA在各个行业中的一些实例。

(1) 智能虚拟助理市场。现在，越来越多的企业使用虚拟助理来取代聊天机器人(interactive voice assistant，IVA)。虚拟助理就是在网络上提供助理服务的专业人员。他们通过电子邮件、传真、网络即时信息、手提电话及旧式的陆上交通工具等方式，在家中为客户提供预约、整理档案、制订商业计划及联系业务等商业服务。任何行政助理在办公室里的工作，虚拟助理都能远程实现，并一天24小时待命。

(2) 库存控制。传统的库存控制耗时又繁杂，并且需要大量的人工手动完成。而使用智能自动化后，企业不再依赖库存工人来完成写发票和签发工作单等技术活动。另外，自动化库存控制系统还可利用IPA处理后台活动，包括库存监控、装运和履行、供应链等。

2. RPA

RPA(机器人过程自动化)是一种将正常和重复的客户服务操作自动化的技术，是使简单、重复、基于规则的操作自动化的程序、脚本或软件。手动完成这些操作是非常耗时的，RPA不仅节省了人工费用，而且消除了人为错误。这些"机器人"以精确和独立的方式执行某些任务，如检索数据、分析非结构化数据、处理事务，以及与其他数字系统通信等。

最早使用RPA技术的行业有制造业、商业、医疗保健、供应商管理和人力资源服务等，如今，RPA技术已广泛应用于许多企业。下面我们来看一下RPA在各个行业中的一些实例。

(1) 工资单处理。企业每年的工资单处理都需要大量人工操作。而使用RPA系统后可以自动完成诸如生成工资存根、计算成本和扣除额、组织和存储关键数据及生成年度报告等任务，这减轻了工作人员理解复杂税务法规的压力，同时也减少了公司费用，提高了生产率和准确性。

(2) 网站分析。企业为了更好地了解消费者，会依赖于具有在线分析大量行为数据能力的软件。而完全自动化的Web分析软件就可以正确预测客户行为，允许企业仅根据这些新数据销售产品和服务。这不仅为企业带来了更多的收入，还带来了更好的用户体验。

(3) 信用卡申请。RPA技术可用于处理金融机构的大多数信用卡申请业务，通过收集数据、评估文档、执行信用和安全检查后，决定是否向个人发放信用卡。

3. IPA与RPA的区别

与RPA相比，IPA的工作范围更大，它可以处理更多类型的数据格式，并有望实现新型的更智能的决策。要想从IPA战略中获得最佳结果，就需要IT和数据科学团队进行比RPA更深入的协作。

Cognizant智能过程自动化的全球市场领导者Banwari Agarwal说：RPA本质上是纯机器人，不需要智能即可操作。因此，对于定义良好，基于规则的流程而言，这是一项很好的技术。相反，IPA用于受益于AI功能的更复杂的流程，这涉及将智能数据输入、自然语言处理、机器学习，以及运营分析与RPA的结合。

总之，RPA和IPA在不同类型的情况下都很有价值。

1.2.4 中台技术

中台技术包括数据中台、业务中台、财务中台等。

1. 数据中台

数据中台是一种产品或技术吗？严格意义上来说，不是。它是一套可持续"让企业的数据用起来"的机制，一种战略选择和组织形式，是依据企业特有的业务模式和组织机构，通过成熟的产品和实施方法论支撑，构建的一套持续不断把数据变成资产并服务于业务的机制。其底层逻辑是以数字化的手段，将数据抽象成服务，响应前端业务的快速变化。

数据中台一般具备数据采集整合、数据提纯加工、数据服务可视化、数据价值变现4个能力。

(1) 数据采集整合。数据采集整合是创建企业数据中台的第一步，其打破了企业内部各个业务系统的数据隔阂，形成了统一的数据中心，为后续数据价值的挖掘提供基础。数据采集整合主要通过数据采集和数据交换实现。

(2) 数据提纯加工。数据提纯加工主要是对数据统一标准、补充属性，然后根据维度汇总成数据表，最后汇总出所需要的报表，满足企业对数据的需求。

(3) 数据服务可视化。数据服务可视化对数据进行计算逻辑的封装，生成API服务，上层数据应用可以对接数据服务API，让数据快速应用到业务场景中。数据服务API对接的常见数据应用包括数据大屏、数据报表、智能应用3种。

(4) 数据价值变现。数据价值变现通过打通企业数据，提供以前单个部门或单个业务部门无法提供的数据服务能力，为赋能前端应用、数据价值变现提供基础。

2. 业务中台

业务中台就是与业务相关的数据管理系统的集合，如商品系统、订单系统、营销素材中心、分销系统等。

3. 财务中台

财务中台就是在业务系统和财务核算系统之间做一个桥梁，在汇集所有与财务相关的业务数据后，进行检查(人工或系统)、筛选、转换，再通过接口将转换后的数据传入财务核算系统。

财务中台是一种新的技术架构和新的设计思路，它是对现有财务系统的一种底层颠覆，传统厂商仅依靠于把原有产品重新包装然后换一个宣传概念的方式已经行不通了，需要各种重新设计。

财务中台是新型的系统，是颠覆性的系统，不能只在原有基础上进行改良，只能是新造的系统。因此，财务中台应是基于新的商业环境、新的IT技术架构、新的数据处理方式来构建的。

1.2.5 电子会计档案

1. 电子会计档案的概念

电子会计档案是指以磁性介质形式储存的会计核算的专业材料，是记录和反映经济业务的重要历史资料和证据。它包括电子凭证、电子账簿、电子报表、其他电子会计核算资料等。

2. 电子会计档案的特征

(1) 电子会计档案对环境的依赖性强。电子会计档案的使用依赖于计算机的硬件和软件系统，其储存对周围环境要求苛刻，不仅要防水、防火，还要防尘、防磁，而且对温度还有一定要求，从而增加了数据的脆弱性。如果不在数据安全方面加强管理，则数据丢失或毁损的可能性较之手工会计系统会大大提高。

(2) 电子会计档案必须在特定的计算机硬件和软件环境中才能可视。数字化的特征使电子会计档案缺乏视觉的直接感染力，导致电子会计档案与会计信息使用者之间缺乏人性化的和谐关系。

(3) 电子会计档案具有技术性。技术文档主要是指与电子会计档案的设计和使用密切相关的技术性文档，解释电子会计档案的设计和运行情况。技术文档主要分为开发性技术文档和使用性技术文档。开发性技术文档主要描述电子会计档案系统开发过程中的各种分析、设计情况。使用性技术文档主要用来指导用户对电子会计档案系统进行操作、利用。

(4) 电子会计档案控制的复杂性。一般来说，信息化程度越高，采用的程序化控制要求也越多。目前我国常用的程序化控制有计算机软件控制、输入数据的机内检验等。电子会计档案系统控制技术的复杂性表现在系统人工控制与各类程序化控制相结合。

(5) 电子会计档案管理缺乏有效的安全与保密措施。从电子数据的数据结构来看，电子数据具有数据高度集中的特点，因而非常容易泄密。传统会计实行纸质档案管理，在网络时代，新型磁性介质档案管理将取代纸质档案管理成为新的管理方式。电子数据是以数字编码的形式存储在各种磁性介质上的，虽然磁性介质体积小、存储容量大，但存储在其中的电子数据资料非常容易泄露，并且泄露的危害性大、范围广、涉及的时间长。

1.2.6 电子发票

1. 电子发票的概念

电子发票是信息时代的产物，其同普通发票一样，采用税务局统一发放的形式给商家使用，发票号码采用全国统一编码，采用统一防伪技术，并且在电子发票上附电子税务局的签名。

2. 电子发票的优缺点

1) 电子发票的优点

(1) 发行电子发票将大幅节省企业在发票上的成本，如发票印制成本，但不包括企业发票管理间接成本。另外，电子发票系统可以与企业内部的ERP、CRM、SCS等系统相结合。发票资料全面电子化并集中处理，有助于企业本身的账务处理，并能及时给企业经营者提供决策支持。

(2) 电子发票在保管、查询、调阅时更加方便，也便于电子商务网站为消费者提供更加方便的服务。另外，使用电子发票可以减少纸质发票的资源浪费现象，将减少森林的砍伐，更加环保。

(3) 网络发票的推出是国家规范电子商务纳税的必然方式，这有利于国家对网络交易的监管，也有利于维护消费者的合法权益。

2) 电子发票的缺点

(1) 电子发票的普及实施，对网购市场一直赖以生存的价格优势将带来严峻的考验，很多商家会把电子发票的成本施加到消费者身上，而最终导致产品的价格走高。但一些大型、正规的B2C模式电商还是可以开具纸质发票的，如京东商城、当当网、天猫商城等，虽然这些电商的产品价格相较淘宝平台的价格稍高一点儿，但可以保障消费者的权益。而淘宝平台是C2C(个人对个人)模式，因为C2C商家大多数都未在工商部门注册过，所以在开具发票方面就存在障碍。但是也因为如此，C2C的方式比B2C方式少了很大一部分税收的成本，产品的价格自然就更加低廉。在电子发票普及开后，C2C模式的普通商家将不能再"幸免"，对网购物美价廉的优势带来打击。这也使得大家对于电子发票的普及虽支持但又犹豫不决，所以政府发布之后过了几个月才有商家正式着手实施。

(2) 尽管国家已经明确了电子发票的法律效力、基本用途等都与纸质发票相同，电子发票同样可以报销入账，但很多企业财务人员对于电子发票却感到头疼。因为电子发票是消费者自行打印,所以在纸质、打印效果上都会有所差异,这就相当于原来发票的物理防伪性能都取消了,把鉴别真伪这个重大的责任全都推给了财务人员。有企业财务人员表示,他们通常会建议员工尽量选择开普通发票的商家消费,但越来越多商家只提供电子发票,导致财务人员在报销这些电子发票时会与员工产生分歧。

(3) 电子发票可以重复打印的特性也使如何防范重复报销成为企业财务人员面临的问题。有些企业的财务人员就专门做过试验,同一张电子发票在复印后和原发票几乎一模一样,如果用来重复报销,根本无法识别。对此,多数财务人员采取的方法只能是把报销过的每张电子发票编号记下来,每次报销时都要查询该张发票是否已经报销过,这无疑增加了工作压力。

3. 电子发票的意义

电子发票的发行和实施其积极意义不言而喻。对消费者而言,发票是消费者的购物凭证,也是维权的重要依据。而对整个电子商务行业来说,电子发票能使所有电商都规范化运营,减少偷税、漏税后的恶性竞争,同时也能使更多企业降低成本。

电子发票在网购中的全面推行,对电子商务的交易也会有积极的作用。

1.2.7 在线审计与远程审计

1. 在线审计概念

在线审计,是指依托e档案产品灵活的"证据链"配置与追溯联查功能,基于外部审计及监管要求,将原本散落在各系统、各部门、各分公司库房中企业日常运行产生的众多"证据"档案,在系统内通过拖、拉、拽的方式,建立其星型或树型关系网络结构,将诸如进出口单证备案、函调、审计抽凭、IPO内控审计、穿行测试等档案利用场景的标准化和模板化,最终实现系统一键输出外部审计及监管需要的"成套"证据链档案。

2. 远程审计概念

远程审计,即利用互联网络技术将被审计单位的会计信息传输到审计部门的电子审计操作中心。

1.2.8 新一代ERP

1. 新一代ERP的概念

ERP(enterprise resource planning,企业资源计划),是新一代集成化管理信息系统,指建立在信息技术基础上集信息技术与先进管理思想于一体,以系统化的管理思想为企业员工及决策层提供决策手段的管理平台。

新一代ERP既要实现管理思想到企业管理的集成，又要实现ERP系统自身内部之间、ERP与其他应用系统之间的集成。首先，集成的目的是解决管理思想、管理方法与管理系统之间的应用互动；其次，集成主要是为了实现ERP与其他功能分系统之间的集成，包括：CRM(customer relationship management，客户关系管理)、电子商务、协同商务，PDM(Product data management，产品数据管理)，MES(manufacturing execution system，制造执行系统)，工作流管理系统的进一步整合，加强DW(data warehouse，数据仓库)和OLAP(online analytical processing，联机分析处理)等功能。根据集成内容的不同，可将其分为数据共享型、业务交接型、消息传递型、复合型等，许多集成属于复合型。

2. 新一代ERP的优势

(1) 整合内、外部资源。ERP可使企业各部门分享生产信息，避免冗长的作业流程和生产管理盲点；整合供应链上的资源，提高企业核心竞争力。

(2) 迅速满足客户个性化需求。市场和客户信息、订单信息、产品和客户服务的反馈信息可通过ERP系统的处理分析，及时传递给ERP系统和企业计划部门，增强企业的动态应变能力，充分体现企业按市场需求制造的思想。

(3) 提高客户满意度。ERP可强化客户的忠诚度和信赖感，进一步强化以客户为中心的经营理念。

(4) 提高成本管理及损益分析的效率。ERP可全面控制产品、库存、采购、行政四大成本，以确保企业利益最大化。

(5) 最新软件架构系统的高度集成。ERP可使企业经营管理更加智能化和科学化。

互联网为全球企业供应链提高运作效率、扩大商业机会和加强企业间协作提供了更加强大的手段——电子商务平台。在电子商务环境下，它们对企业现有的ERP系统提出了新的要求，使ERP的功能如虎添翼，拓宽了ERP的外延，使之从后台走向前台，从内部走向外部，从注重生产走向注重销售、市场和服务，并且将ERP的应用领域扩展到非制造业，把ERP带入一个新的发展天地。

1.2.9 在线办公与远程办公

1. 在线办公

1) 在线办公的概念

在线办公，是指个人和组织所使用的办公类应用的计算和储存两个部分功能，不通过安装在客户端本地的软件提供，而是由位于网络上的应用服务予以交付，用户只通过本地设备实现与应用的交互功能。

2) 在线办公的特点

在线办公与其他云计算的应用一样，具有如下典型特点。

(1) 网络提供。在线办公强调的是软件应用在计算和储存能力方面完全由网络提供，而并非约束于某个终端设备上。对于用户来说，终端设备只是一个实现与应用进行交互的载体，这也就意味着在任何时间，只要有网络的地方，就可以无差别地使用软件应用的一切功能，包括所有数据的访问、管理和分享。

通过在线办公，组织成员和个人用户都能够完全实现基于浏览器进行工作，用户的计算机内不用安装、升级各种客户端软件即可使用到最新的功能。

由网络提供办公应用的另外一个巨大优势，就是让跨地域进行实时的协同工作成为可能，在任何地方连上网络，面对着同样的工作环境，将如同在同一间办公室里一样。

(2) 24小时响应。全天候运转是互联网的基础特征，更是在线办公的基本实现模式，基于云端服务器提供的软件应用保持着全天候的运转状态，能够随时响应来自不同位址、不同终端的访问需求。各种通过云计算方式实现的在线办公系统保障组织能够随时处于运转状态，支持组织经营和管理人员第一时间根据各种变化情况随时做出决策。

(3) 跨终端使用。将软件应用的计算和储存交由网络服务实现，真正实现了终端的解放。用户不必再为满足各种强大功能的软件应用而不断提升终端设备的性能，无论是台式机、笔记本，还是手机、移动互联网设备，都可以无差别地使用办公应用。随着移动互联网的兴起，在线办公完全实现了移动办公所需的基本要素，即通过不同的终端设备，可访问同一数据来源，并且无差异地响应计算能力需求。

(4) 天然为协同而生。基于云端的服务器让用户的数据信息变得无处不在，而不再受限于某一个终端设备，数据直接进行共享及多人同时由不同终端访问和控制同一数据源真正成为了可能，在线办公与互联网一样，天生就具备共享与协同的特质。

2. 远程办公

1) 远程办公的概念

远程办公分"远程"和"办公"两部分，是指通过现代互联网技术，实现非本地办公，如在家办公、异地办公、移动办公等远程办公模式。

远程办公大多通过一些第三方远程控制软件来实现，例如，用向日葵远程控制软件远程控制手机、电脑办公设备、welink工具来实现企业电话会议、远程办公的目的。

2) 远程办公的优点

远程办公可以增加一些特殊社会群体就业(如宝妈或宝爸、残障人士和生活在边远地区的人)机会；远程办公有助于减少企业办公环境的成本，使员工办公效率更高效。而且远程会议避免了不必要的寒度暄，直击重点，提高了会议效率，如云脉远程办公系统具有即时沟通、远程定位考勤、移动文档识别管理、在线申请审批、名片识别等功能，方便商务伙伴、同事密友、项目群组随时随地进行简单高效的在线办公，有助于为企业打造一个工作商务沟通、协调、智能移动远程办公平台，帮助企业降低沟通、协调、管理成本，提升办公效率，实现非本地办公。

1.2.10 商业智能

1. 商业智能的概念

商业智能(business intelligence，BI)的概念在1996年最早由加特纳集团(Gartner Group)提出，其将商业智能定义为：商业智能描述了一系列的概念和方法，通过应用基于事实的支持系统来辅助商业决策的制定。商业智能技术提供使企业迅速分析数据的技术和方法，包括收集、管理和分析数据，将这些数据转化为有用的信息，然后分发到企业各处。

2. 商业智能的相关定义

定义为下列软件工具的集合终端用户查询和报告工具，专门用来支持初级用户的原始数据访问，不包括适用于专业人士的成品报告生成工具。

(1) OLAP(on-line transaction processing，联机分析处理)工具。该工具提供多维数据管理环境，其典型的应用是对商业问题的建模与商业数据分析。

(2) 数据挖掘(data mining)软件。该软件使用诸如神经网络、规则归纳等技术，用来发现数据之间的关系，做出基于数据的推断。

(3) 数据仓库(data warehouse)和数据集市(data mart)产品。这两个软件包括数据转换、管理和存取等方面的预配置软件，通常还包括一些业务模型，如财务分析模型。

下面我们主要介绍OLAP软件工具的相关定义。

联机分析处理(OLAP)也称多维分析，其最早是由关系数据库之父埃德加·弗兰克·科德(Edgar Frank Codd)于1993年提出的，他同时提出了关于OLAP的12条准则。OLAP的提出引起了很大的反响，其作为一类产品同另一类产品联机事务处理(on-line transaction processing，OLTP)明显区分开来。OLAP是数据仓库系统的主要应用，支持复杂的分析操作，侧重决策支持，并且提供直观易懂的查询结果。OLTP是传统的关系型数据库的主要应用，主要进行基本的、日常的事务处理，如银行交易。

OLAP是使分析人员、管理人员或执行人员能够从多角度对信息进行快速、一致、交互地存取，从而获得对数据更深入了解的一类软件技术。其目标是满足决策支持或满足在多维环境下特定的查询和报表需求，它的技术核心概念是"维(dimension)"。

"维"是人们观察客观世界的角度，是一种高层次的类型划分，其一般包含着层次关系，这种层次关系有时会相当复杂。OLAP可通过把一个实体的多项重要属性定义为多个维，使用户能对不同维上的数据进行比较，因此OLAP也可以说是多维数据分析工具的集合。

OLAP的基本多维分析操作有钻取(roll up和drill down)、切片(slice)、切块(dice)，以及旋转(pivot)、横向钻孔(drill across)、钻穿(drill through)等。下面主要介绍常用维的定义。

(1) 钻取。钻取是改变维的层次，变换分析的粒度，包括向上钻取(roll up)和向下钻取(drill down)。向上钻取是在某一维上将低层次的细节数据概括到高层次的汇总数据，或者减少维数；而向下钻取则相反，它从汇总数据深入细节数据进行观察，或者增加新维。

(2) 切片(块)。切片(块)是指指定了某些维度后，来观察剩余维度的测度变化。如果剩余的维只有两个，则是切片；如果有三个，则是切块。

(3) 旋转。旋转是变换维的方向，即在表格中重新安排维的放置，如行列互换。

OLAP有多种实现方法，根据存储数据的方式不同可以分为ROLAP、MOLAP、HOLAP。

1) ROLAP

ROLAP表示基于关系数据库的OLAP实现(relational OLAP)，即以关系数据库为核心，以关系型结构进行多维数据的表示和存储。ROLAP将多维数据库的多维结构划分为两类表：一类是事实表，用来存储数据和维关键字；另一类是维表，即对每个维至少使用一个表来存放维的层次、成员类别等维的描述信息。维表和事实表通过主关键字和外关键字联系在一起，形成了"星型模式"。对于层次复杂的维，为避免冗余数据占用过大的存储空间，可以使用多个表来描述，这种星型模式的扩展称为"雪花模式"。

2) MOLAP

MOLAP表示基于多维数据组织的OLAP实现(multidimensional OLAP)，即以多维数据组织方式为核心，也就是说，MOLAP使用多维数组存储数据。多维数据在存储中将形成"立方块(cube)"的结构，在MOLAP中对"立方块"的"旋转""切块""切片"是产生多维数据报表的主要技术。

3) HOLAP

HOLAP表示基于混合数据组织的OLAP实现(hybrid OLAP)，如低层是关系型的、高层是多维矩阵型的。这种方式具有更好的灵活性。

另外，还有其他一些实现OLAP的方法，如提供一个专用的SQL Server，对某些存储模式(如星型、雪花型)提供对SQL查询的特殊支持。

OLAP工具是针对特定问题的联机数据访问与分析，它通过多维的方式对数据进行分析、查询，以及填制报表。维是人们观察数据的特定角度，例如，一个企业在考虑产品的销售情况时，通常从时间、地区和产品的不同角度来深入观察，这里的时间、地区和产品就是维。而这些维的不同组合和所考察的度量指标构成的多维数组则是OLAP分析的基础，可形式化表示为"维1，维2，…，维n"的度量指标，如地区、时间、产品、销售额。多维分析是指对以多维形式组织起来的数据采取切片(slice)、切块(dice)、钻取(drill-down和roll-up)、旋转(pivot)等各种分析动作，以求剖析数据，使用户能从多个角度、多侧面地观察数据库中的数据，从而深入理解包含在数据中的信息。

现今，主流的商业智能工具包括思达商业智能(style intelligence)、FineBI商业智能软件、BO、COGNOS、BRIO。一些国内的软件工具平台(如KCOM)也集成了一些基本的商业智能工具。

根据综合性数据组织方式的不同，常见的OLAP主要有基于多维数据库的MOLAP及基于关系数据库的ROLAP两种。MOLAP是以多维的方式组织和存储数据，ROLAP则利用现有的关系数据库技术来模拟多维数据。在数据仓库应用中，OLAP应用一般是数据仓库应用的前端工具，同时OLAP工具还可以同数据挖掘工具、统计分析工具配合使用，增强决策分析能力。

3. 商业智能的应用范围

商业智能系统可辅助建立信息中心，如产生各种工作报表和分析报表，用作以下分析。

1) 销售分析

销售分析主要分析各项销售指标，如毛利、毛利率、交叉比、销进比、盈利能力、周转率、同比、环比等；而分析维又可从管理架构、类别品牌、日期、时段等角度观察，这些分析维采用多级钻取，从而获得相当透彻的分析思路。同时，可根据海量数据产生预测信息、报警信息等分析数据，还可根据各种销售指标产生新的透视表。

2) 商品分析

商品分析的主要数据来自销售数据和商品基础数据，主要有商品的类别结构、品牌结构、价格结构、毛利结构、结算方式结构、产地结构等，产生以分析结构为主线的分析思路，从而产生商品广度、商品深度、商品淘汰率、商品引进率、商品置换率、重点商品、畅销商品、滞销商品、季节商品等多种指标。通过BI系统对这些指标的分析来指导企业商品结构的调整，加强所营商品的竞争能力和合理配置。

3) 人员分析

人员分析通过BI系统对公司的人员指标进行分析，特别是对销售人员指标(销售指标为主，毛利指标为辅)和采购人员指标(销售额、毛利、供应商更换、购销商品数、代销商品数、资金占用、资金周转等)的分析，以达到考核员工业绩，提高员工积极性，并为人力资源的合理利用提供科学依据。人员分析的主题有员工的人员构成、销售人员的人均销售额、销售人员的个人销售业绩、各管理架构的人均销售额、毛利贡献、采购人员分管商品的进货多少、购销代销的比例、引进的商品销量如何等。

第三节　虚拟仿真

1.3.1　虚拟仿真概述

1. 虚拟仿真的概念

虚拟仿真(virtual reality)是指仿真(simulation)技术或称模拟技术，就是用一个系统模仿另一个真实系统的技术。虚拟仿真实际上是一种可创建和体验虚拟世界(virtual world)的计算机系统。该虚拟世界由计算机生成，可以是现实世界的再现，也可以是构想中的世界，用户可借助视觉、听觉及触觉等多种传感通道与虚拟世界进行自然的交互。

2. 虚拟仿真的含义

虚拟与现实两个词具有相互矛盾的含义，把这两个词放在一起，似乎没有意义，但是科学技术的发展却赋予了它新的含义。虚拟现实没有明确的定义，按最早提出虚拟现实概念的学者杰伦·拉尼尔(Jaron Lanier)的说法，虚拟现实又称假想现实，是用电子计算机合成的人工世界。由此可知，该领域与计算机有着不可分割的密切关系，信息科学是合成虚拟现实的基本前提。生成虚拟现实需要解决以下3个主要问题。

(1) 以假乱真的存在技术。即怎样合成对观察者的感官器官来说与实际存在相一致的输入信息，就是如何可以产生与现实环境一样的视觉、触觉、嗅觉等。

(2) 相互作用。观察者怎样积极和能动地操作虚拟现实，以实现不同的视点景象和更高层次的感觉信息。实际上就是怎么可以看得更像、听得更真等。

(3) 自律性现实。感觉者如何在不意识到自己动作、行为的条件下得到栩栩如生的现实感。在这里，观察者、传感器、计算机仿真系统与显示系统构成了一个相互作用的闭环流程。

1.3.2　虚拟仿真技术在财务会计教学中的应用

1. 运用虚拟仿真技术进行教学的优势

1) 高度还原，沉浸式体验

随着信息技术的高度发展，年轻一代的人在各个方面都更加追求自身的体验感，如市场上出现的越来越多的沉浸式剧本体验馆、密室逃脱馆等。因此，传统的教学方式越来越不受学生的欢迎，落后的财会实训方式也无法达到既定的教学目标。而在虚拟仿真技术下的财会实训环境，可以让学生实现沉浸式体验训练，其真实性、互动性、趣味性强，学生可以在几乎真实的企业环境里模拟不同的岗位和处理各种问题，如站在所选择的岗位上思考、完成不同的岗位职责、需要跟哪些人交接、怎么解决问题、怎么使数据更加快速高效等，为学生搭建了一座通往现实社会的桥，学生们不再感觉理论知识和实践相脱离，可以更快、更好地理解会计实务操作，为毕业后真正走向社会奠定坚实的基础。

2) 创新教学方式，激发学习积极性

从教师角度来说，大数据时代背景下，通过虚拟仿真软件，教师在授课时可以更快速地搜集信息，如课堂纪律、作业信息，而且通过标准化答案的提前设置，也可以更快速、高效地批改作业。同时在虚拟仿真软件里，学生遇到难以解决的问题时，可以实时在线上求助，教师可以点对点地智能指导，随时解决学生的个体问题，加强了师生之间的实时互动性。教师还能通过对课堂的回放，回顾课堂内容，分析实训课堂内容、节奏等方面存在的不足，进行进一步的优化，以取得更好的教学效果。

从学生角度来说，通过虚拟仿真软件模拟实训，学生可以运用手机、计算机对教学内容或亟需完成的任务进行查阅，在计算机终端对数据自主进行采集、分类、汇总、分析。教学模式从教师教学为主转变为以学生学习为主，课堂不再枯燥，这样的教学方式更有利于激发学生的学习积极性。

2. 虚拟仿真技术的运用

虚拟仿真软件中一般会设置多个岗位，如总经理、财务经理、成本会计、税务会计、出纳等，每个岗位会设置不同的岗位任务，高度还原现实中的岗位职责。教师授课时，学生一般以小组形式的团队完成任务，首先会让学生了解软件平台的基础信息，学习不同岗位业务流程的逻辑关系。然后学生进行角色扮演，团队成员通过演讲等方式可竞争上岗，团队需分工合作时，不仅只是财务部内部的合作，还需要与其他部门岗位进行交接，以及与企业以外的单位(如银行、税务局、工商局等)进行协作，以财务部出发，从点到面，真正融入社会的大环境。最后总结实训过程中存在的不足或问题，可以进行岗位轮换模拟，优化训练成效。

虚拟仿真技术平台真正实现将"教、学、练、评"融为一体，以期培育出更符合新时代下的财会人才。

【情景1-6】

会计机器人的功能多且强大,它可以做很多会计人员的工作,如账务处理、报表处理、固定资产核算、工资核算等。另外,会计机器人还有存货核算、成本核算、应收应付款核算、销售核算和财务分析等功能。目前市场上的会计机器人有很多,如金蝶、用友等,它们被很多企业的会计所知道且在使用。

任务评价

任务评价如表1-3所示。

表1-3 任务评价

项目	评价内容	标准分值	实际分值				总结
			自评 30%	互评 20%	师评 50%	合计 100%	
知识素质目标	专业知识水平	10					
	相关知识水平	10					
技能素质目标	运用专业知识能力	20					
	获取信息并利用信息的能力	5					
	合理利用与支配各种资源的能力	10					
	创造性思维和分析能力	7					
	运用特种技能的能力	6					
	处理人际关系的能力	5					
品德素质目标	劳动纪律	5					
	团队精神	5					
	责任心	8					
	正直	5					
	仪容仪表	2					
	环境卫生	2					
合计		100					
总评		等级		教师签名			

第二章 系统管理和基础设置

▶ 知识目标

◎ 科目设置
◎ 金融资产
◎ 期初余额
◎ 录入日记账
◎ 录入固定资产

▶ 技能目标

◎ 能够新建账套
◎ 能够设置辅助核算档案
◎ 能够准确录入日记账、固定资产

▶ 本章导语

系统管理和基础设置在整个会计信息系统中是基础的第一步，信息系统包括财务、分销、决策支持三大系列的各子系统模块，为实现一体化的管理应用模式，系统为各子系统提供统一的环境，由系统管理和基础设置对整个系列子系统的公共任务进行统一管理，任何子系统的独立运行都必须以此为基础。基础信息是系统运行的基石，在启用新账套之前，应根据企业的实际情况，结合系统基础信息设置的要求，事先做好基础数据的准备工作，这样可使初始建账顺利进行。

任务导图

任务清单

任务清单如表2-1所示。

表2-1　任务清单

任务	例题
掌握新建账套	【情景2-1】
掌握设置辅助核算档案	【情景2-2】
掌握科目设置	【情景2-3】
掌握禁用科目	【情景2-4】
掌握增加科目	【情景2-5】
掌握期初余额的设置	【情景2-6】
掌握录入日记账	【情景2-7】
掌握录入固定资产	【情景2-8】

任务描述

唐山鼎坤机械制造有限公司于2021年12月进入"好会计"平台，进行新建账套、所需档案增加、会计科目增加、期初余额填写、日记账期初录入、固定资产期初初始录入增加操作。

系统管理和基础设置描述如表2-2所示。

表2-2　系统管理和基础设置描述

任务目标	知识素质目标	技能素质目标	品德素质目标
	1. 新建账套	1. 认知事物的能力	1. 严谨的工作作风
	2. 增加科目	2. 分析问题的能力	2. 踏实的工作态度
	3. 录入期初余额	3. 会计思维能力	3. 细致的工作方法

(续表)

任务材料	教材	任务方法	讲授
	"好会计"软件		个人操作
	网络材料		团体讨论
任务步骤	掌握基础操作	任务工具	项目任务书
	了解企业信息		笔、纸
	撰写任务产出表		计算机、网络
任务评价	自评		互评		师评	
	总评					

第一节　新建账套

【情景2-1】

运用手机号或老师给的账号登录"好会计"平台进行期初建账。账套信息如表2-3所示。

表2-3　账套信息

账套名称	唐山鼎坤机械制造有限公司
所属企业	唐山鼎坤机械制造有限公司
财务启用期间	2021年12月
会计制度	2007企业会计准则
纳税性质	一般纳税人
立即开启使用发票及一键报税功能	是
所属行业	金属加工机械制造
纳税人识别号	91130282595448540P
报税地区	河北

【操作步骤】

(1) 登录完成后，跳转到建账页面，单击"我要自己建账"选项，建立账套的具体操作步骤如图2-1、图2-2所示。

图2-1 进入页面

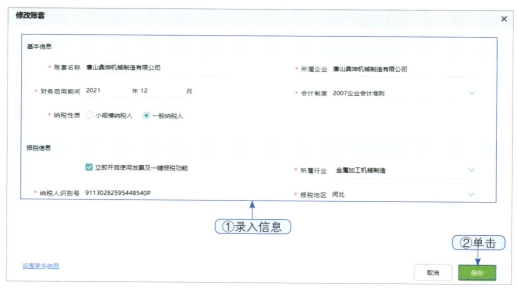

图2-2 建立账套页面

(2) 建账完毕，保存后，进入"好会计"主界面，如图2-3所示。

第二章 系统管理和基础设置 39

图2-3 "好会计"主界面

第二节 设置辅助核算档案

【情景2-2】

根据表2-4~表2-8所示企业信息,分别录入"客户、供应商、部门、员工、存货"的辅助核算档案信息。

表2-4 客户辅助核算档案

客户编码	000001	000002	000003
客户名称	冀东水泥滦州有限责任公司	唐山秋实机电工程有限公司	黑龙江多宝山铜业股份有限公司
客户税号	911302237415486390	91130202MA07RH6PX3	91231100781936943F
联系人	蒋颂祎	张伟	李佳瑞
联系电话	13903158746	13167195825	15139450012
地址	河北省唐山市滦州市杨柳庄镇	河北省唐山市路南区双桥里杨柳一面街4条9排3号	黑龙江省黑河市嫩江县多宝山镇外17公里处
开户行及账号	中国建设银行股份有限公司唐山丰润支行13001625508050000230	交通银行唐山分行新华道支行132200000012016003048	中国工商银行嫩江支行0913036609221006112

表2-5 供应商辅助核算档案

供应商编码	000001	000002	000003
供应商名称	唐山市丰南区光辉耐磨材料厂	江苏泰隆减速机股份有限公司	博能传动(天津)有限公司
供应商税号	91130282777115731	91321200714092090E	91120113562662102C
联系人	肖莉	夏梦	刘俊杰
联系电话	13933152207	13131246781	15131496675
地址	唐山市丰南区黄各庄镇宋家坨村北	泰兴市大庆东路88号	天津市北辰区经济开发区双海路宏鹏工业园A区7号车间
开户行及银行账号	农行唐山市丰南支行 50704201040004023	中国农业银行股份有限公司泰兴市支行 10227801040004846	中国农业银行天津北辰支行 02040001040045460

表2-6 部门辅助核算档案

部门编码	部门名称
000001	管理部
000002	行政部
000003	销售部
000004	财务部
000005	生产车间管理人员
000006	生产车间——长螺杆钻机CFG23
000007	生产车间——长螺杆钻机CFG24

表2-7 员工辅助核算档案

员工编码	员工名称	证照类型	证照号码	所属部门	职务
000001	杨雪庆	中国护照	G12001540	管理部	总经理
000002	陈宁涛	中国护照	G12001541	管理部	副总经理
000003	赵雪	中国护照	G12001542	行政部	行政主管
000004	杨静	中国护照	G12001543	销售部	销售主管
000005	李木	中国护照	G12001544	销售部	销售员
000006	李成林	中国护照	G12001545	销售部	销售员
000007	杨雪莲	中国护照	G12001546	财务部	财务经理
000008	杨文娟	中国护照	G12001547	财务部	出纳
000009	高峰	中国护照	G12001548	财务部	复核
000010	程政	中国护照	G12001549	生产车间管理人员	生产车间主任
000011	蒋飞	中国护照	G12001550	生产车间——长螺杆钻机CFG23	生产车间工人
000012	王景	中国护照	G12001551	生产车间——长螺杆钻机CFG23	生产车间主任

(续表)

员工编码	员工名称	证照类型	证照号码	所属部门	职务
000013	魏青秋	中国护照	G12001552	生产车间 ——长螺杆钻机CFG24	生产车间工人
000014	赵照	中国护照	G12001553	生产车间 ——长螺杆钻机CFG24	生产车间工人

表2-8 存货辅助核算档案

存货编码	000001	000002	000003
存货名称	长螺杆钻机	长螺杆钻机	WG8鼓形齿式联轴器
规格型号	CFG23	CFG24	YA80X172/Y120X212
计量单位	台	台	套

【操作步骤】

(1) 进入"好会计"页面，单击"设置"→"辅助核算"选项，进入"辅助核算"页面，根据表2-5设置客户辅助核算档案，操作步骤如图2-4～图2-6所示。

图2-4 "辅助核算"页面

图2-5 客户档案录入页面

图2-6 客户辅助核算档案录入完成页面

(2) 按照上述方法依次完成供应商辅助核算档案、部门辅助核算档案、员工辅助核算档案和存货辅助核算档案信息的录入,录入完成页面如图2-7~图2-11所示。

图2-7 供应商辅助核算档案录入完成页面

图2-8 部门辅助核算档案录入完成页面

注意:

录入员工"辅助核算"界面时,先删除不用的员工信息,再录入信息。

图2-9 删除不用的员工信息

第二章 系统管理和基础设置

图2-10 员工辅助核算档案录入完成页面

图2-11 存货辅助核算档案录入完成页面

(3) 辅助核算档案信息录入完成后，退出页面。

第三节 科目设置

2.3.1 设置科目辅助核算

【情景2-3】

"好会计"已经根据建账时所选会计制度或准则，预制相应的标准科目体系。

根据业务需要，部分往来科目需要设置对应的客户和供应商辅助核算，具体设置要求如下。

(1)"应收账款""应收票据""预收账款"设置"客户"辅助核算。

(2)"预付账款""应付账款""应付票据"设置"供应商"辅助核算。

(3)"固定资产""累计折旧"设置"部门"辅助核算。

【操作步骤】

(1)进入"好会计"页面，单击"设置"→"科目期初"选项，进入"科目期初"界面，设置应收票据科目辅助核算，操作步骤如图2-12～图2-14所示。

图2-12　进入"科目期初"界面

图2-13　设置科目页面

图2-14　编辑科目页面

(2) 保存完成后，1121应收票据科目编码后出现"辅"字标识，如图2-15所示。

图2-15 科目标识页面

(3) 按照上述方法依次设置其余指定科目的辅助核算。

2.3.2 禁用科目

【情景2-4】

根据表2-9禁用企业不需要的会计科目。

表2-9 禁用科目

科目编码	科目名称	科目编码	科目名称
1003	存放中央银行款项	1431	贵金属
1011	存放同业	1441	抵债资产
1021	结算备付金	1451	损余物资
1111	买入返售金融资产	1461	融资租赁资产
1133	应收出口退税款	1462	使用权资产
1201	应收代位追偿款	1463	使用权累计折旧
1211	应收分保账款	1464	使用权资产减值准备
1212	应收分保合同准备金	1471	存货跌价准备
1301	贴现资产	1475	合同履约成本
1302	拆出资金	1476	合同履约成本减值准备
1303	贷款	1477	合同取得成本
1304	贷款损失准备	1478	合同取得成本减值准备
1311	代理兑付证券	1481	持有待售资产
1321	受托代销商品	1482	持有待售资产减值准备
1401	材料采购	1501	持有至到期投资
1404	材料成本差异	1502	持有至到期投资减值准备
1406	发出商品	1503	可供出售金融资产
1407	商品进销差价	1505	债权投资减值准备
1421	消耗性生物资产	1507	其他债权投资减值准备

(续表)

科目编码	科目名称	科目编码	科目名称
1541	存出资本保证金	2251	应付保单红利
1611	未担保余值	2261	应付分保账款
1621	生产性生物资产	2311	代理买卖证券款
1622	生产性生物资产累计折旧	2312	代理承销证券款
1623	公益性生物资产	2313	代理兑付证券款
1631	油气资产	2314	受托代销商品款
1632	累计折耗	2401	递延收益
1703	无形资产减值准备	2502	应付债券
1711	商誉	2601	未到期责任准备金
1821	独立账户资产	2602	保险责任准备金
2002	存入保证金	2611	保户储金
2003	拆入资金	2621	独立账户负债
2004	向中央银行借款	2701	长期应付款
2011	吸收存款	2702	未确认融资费用
2012	同业存放	2711	专项应付款
2021	贴现负债	3001	清算资金往来
2101	交易性金融负债	3002	货币兑换
2111	卖出回购金融资产款	3003	合同结算
2204	合同负债	300301	价款结算
221102	应付奖金、津贴和补贴	300302	收入结转
221103	应付福利费	3101	衍生工具
221109	辞退福利	3201	套期工具
22210106	出口抵减内销产品应纳税额	3202	被套期项目
22210108	出口退税	410102	任意盈余公积
222103	预缴增值税	4102	一般风险准备
222104	待抵扣进项税额	410401	其他转入
222105	待认证进项税额	410403	提取职工奖励及福利基金
222106	待转销项税额	410404	提取任意盈余公积
222107	增值税留抵税额	4201	库存股
222108	简易计税	4301	专项储备
222110	代扣代缴增值税	5201	劳务成本
222111	增值税检查调整	5301	研发支出
222112	应交营业税	5401	工程施工
222123	矿产资源补偿费	5402	工程结算
222124	排污费	5403	机械作业
2245	持有待售负债	6021	手续费及佣金收入

(续表)

科目编码	科目名称	科目编码	科目名称
6031	保费收入	6501	提取未到期责任准备金
6041	租赁收入	6502	提取保险责任准备金
6061	汇兑损益	6511	赔付支出
6102	净敞口套期损益	6521	保单红利支出
6201	摊回保险责任准备金	6531	退保金
6202	摊回赔付支出	6541	分出保费
6203	摊回分保费用	6542	分保费用
6411	利息支出	6604	勘探费用
6421	手续费及佣金支出	6901	以前年度损益调整

【操作步骤】

(1) 在"科目期初"页面，单击"禁用科目"选项，禁用"存放中央银行款项"科目的操作步骤如图2-16和图2-17所示。

图2-16　"科目期初"页面

(2) 设置完成后，显示禁用科目页面如图2-17所示。

图2-17　显示禁用科目页面

(3) 依据上述方法，完成禁用其他会计科目的操作。

2.3.3 增加科目

【情景2-5】

根据表2-10增加企业需要的会计科目。

表2-10 增加会计科目

科目编码	科目名称	辅助核算	方向
100201	建行存款		借
100202	工行存款		借
122101	包装物押金		借
140301	齿轮箱	件	借
140302	功率模块	件	借
140303	控制模块	件	借
140304	操作面板	件	借
140305	电机	台	借
140306	减速电机	台	借
140307	减速机	台	借
140308	铸件1	吨	借
140309	铸件2	吨	借
140501	长螺杆钻机CFG-23	台	借
140502	长螺杆钻机CFG-24	台	借
140503	WG8鼓形齿式联轴器	套	借
400101	王东		贷
500101	长螺杆钻机CFG-23		借
500102	长螺杆钻机CFG-24		借
600101	长螺杆钻机CFG-23	台	贷
600102	长螺杆钻机CFG-24	台	贷
600103	WG8鼓形齿式联轴器	套	贷
640101	长螺杆钻机CFG-23	台	借
640102	长螺杆钻机CFG-24	台	借
640103	WG8鼓形齿式联轴器	套	贷
660106	固定资产折旧		借
660107	社会保险费		借
660108	住房公积金		借
660210	社会保险费		借
660211	住房公积金		借
671107	其他		借
671108	罚款		借

【操作步骤】

(1) 以"银行存款"为例,在"科目期初"页面,单击"＋"按钮,增加下级科目,操作步骤如图2-18和图2-19所示。

图2-18 "科目期初"页面

图2-19 新增科目页面

(2) 保存完成后,退回"科目期初"页面,建行存款增加完成。

(3) 依据上述方法,增加其他会计科目。

第四节 期初余额

【情景2-6】

根据表2-11~表2-20,设置科目期初余额。

表2-11 期初余额表

科目编码	科目名称	方向	总账金额	明细金额
1001	库存现金	借	3 000.00	
1002	银行存款	借	1 900 000.00	
100201	建行存款	借		1 000 000.00
100202	工行存款	借		900 000.00
1121	应收票据	借	60 000.00	
1122	应收账款	借	120 000.00	
1221	其他应收款	借	3 000.00	
122101	包装物押金	借		3 000.00
1231	坏账准备	贷	3 600.00	
1403	原材料	借	909 844.00	
140301	齿轮箱	借		115 500.00
140302	功率模块	借		82 500.00
140303	控制模块	借		65 000.00
140304	操作面板	借		10 000.00
140305	电机	借		150 000.00
140306	减速电机	借		82 875.00
140307	减速机	借		248 229.00
140308	铸件1	借		76 100.00
140309	铸件2	借		79 640.00
1405	库存商品	借	1 977 800.00	
140501	长螺杆钻机CFG-23	借		955 700.00
140502	长螺杆钻机CFG-24	借		1 022 100.00
140503	WG8鼓形齿式联轴器	借		3 200.00
1601	固定资产	借	1 960 600.00	
1602	累计折旧	贷	183 972.13	
1604	在建工程	借	4 300 000.00	
2001	短期借款	贷	300 000.00	
2201	应付票据	贷	105 000.00	
2202	应付账款	贷	578 000.00	
2203	预收账款	贷	5 000.00	
2211	应付职工薪酬	贷	100 000.00	
221101	应付职工工资	贷		100 000.00
2221	应交税费	贷	36 000.00	
222102	未交增值税	贷		36 000.00
4001	实收资本	贷	4 000 000.00	
400101	王东	借		4 000 000.00
4103	本年利润	贷	1 078 000.00	

(续表)

科目编码	科目名称	方向	总账金额	明细金额
410406	未分配利润	贷	5 662 651.87	
5001	生产成本	借	814 780.00	
500101	长螺杆钻机CFG-23	借		377 640.00
500102	长螺杆钻机CFG-24	借		437 140.00

表2-12　应收票据明细账

客户	期初余额	本年累计借方	本年累计贷方
唐山秋实机电工程有限公司	60 000.00		

表2-13　应收账款明细账

客户	期初余额	本年累计借方	本年累计贷方
冀东水泥滦州有限责任公司	80 000.00		
黑龙江多宝山铜业股份有限公司	40 000.00		

表2-14　原材料明细账

材料名称	单位	数量	总额
齿轮箱	件	5	115 500.00
功率模块	件	50	82 500.00
控制模块	件	100	65 000.00
操作面板	件	100	10 000.00
电机	台	50	150 000.00
减速电机	台	5	82 875.00
减速机	台	3	248 229.00
铸件1	吨	10	76 100.00
铸件2	吨	10	79 640.00

表2-15　库存商品明细账

商品名称	单位	数量	总额
长螺杆钻机CFG-23	台	5	955 700.00
长螺杆钻机CFG-24	台	5	1 022 100.00
WG8鼓形齿式联轴器	套	2	3 200.00

表2-16　固定资产明细账

部门	金额
管理部	658 000.00
行政部	80 000.00
销售部	174 000.00
财务部	80 000.00
生产车间管理人员	968 600.00

表2-17　累计折旧明细账

部门	金额
管理部	33 875.40
行政部	13 933.30
销售部	34 397.88
财务部	13 933.30
生产车间管理人员	87 832.25

表2-18　应付票据明细账

客户	期初余额	本年累计借方	本年累计贷方
博能传动(天津)有限公司	105 000.00		

表2-19　应付账款明细账

客户	期初余额	本年累计借方	本年累计贷方
唐山市丰南区光辉耐磨材料厂	168 000.00		
江苏泰隆减速机股份有限公司	320 000.00		
博能传动(天津)有限公司	90 000.00		

表2-20　预收账款明细账

客户	期初余额	本年累计借方	本年累计贷方
冀东水泥滦州有限责任公司	5 000.00		

1. 录入不带辅助核算科目的期初余额

【操作步骤】

进入"好会计"页面，单击"设置"→"科目期初"选项，进入"科目期初"页面，填写期初余额的操作步骤如图2-20所示。

图2-20　填写期初余额

2. 录入应付票据明细期初余额

【操作步骤】

(1) 以"应收票据"为例，单击"应收票据"选项，进入"辅助核算期初"页面，录入应收票据期初余额，操作步骤如图2-21和图2-22所示。

图2-21 录入应收票据期初余额页面

图2-22 应收票据录入完成页面

(2) 依据上述方法，依次完成"应收账款""应付票据""应付账款""预收账款"的期初余额录入，录入完成页面如图2-23～图2-26所示。

图2-23 应收账款录入完成页面

图2-24 应付票据录入完成页面

图2-25 应付账款录入完成页面

图2-26 预收账款录入完成页面

3. 录入原材料明细期初余额

【操作步骤】

(1) 以"原材料"为例，在"科目期初"页面单击"原材料"下的明细科目"齿轮箱"选项，进入"辅助核算期初"页面，录入原材料明细期初余额，操作步骤如

图2-27和图2-28所示。

图2-27 "科目期初"页面

图2-28 原材料期初余额录入页面

(2) 按照上述方法,依次录入原材料其他明细期初余额。原材料期初余额录入完成页面如图2-29所示。

图2-29 原材料期初余额录入完成页面

(3) 同理,继续录入"库存商品""固定资产""累计折旧"的期初余额,录入完成页面如图2-30～图2-32所示。

期初数量金额

启用期间：2021.12

科目编码	科目名称	单位	方向	期初余额 数量	期初余额 金额	本年累计借方 数量	本年累计借方 金额	本年累计贷方 数量	本年累计贷方 金额
140304	操作面板	件	借	100.00000	10,000.00				
140305	电机	台	借	50.00000	150,000.00				
140306	减速电机	台	借	5.00000	82,875.00				
140307	减速机	台	借	3.00000	248,229.00				
140308	铸件1	吨	借	10.00000	76,100.00				
140309	铸件2	吨	借	10.00000	79,640.00				
140501	长螺杆钻机CFG-23	台	借	5.00000	955,700.00				
140502	长螺杆钻机CFG-24	台	借	5.00000	1,022,100.00				
140503	WG8鼓形齿式联轴器	套	借	2.00000	3,200.00				
600101	长螺杆钻机CFG-23	台	贷						
600102	长螺杆钻机CFG-24	台	贷						
640101	长螺杆钻机CFG-23	台	借						

图2-30　库存商品录入完成页面

图2-31　固定资产录入完成页面

图2-32　累计折旧录入完成页面

(4) 录入科目期初余额完成后，单击"试算平衡"按钮，查看期初余额是否平衡，操作步骤如图2-33和图2-34所示。

图2-33　科目期初页面

图2-34　试算平衡页面

第五节　录入日记账

【情景2-7】

根据表2-11期初余额表录入库存现金、银行存款日记账期初余额。

【操作步骤】

(1) 进入"好会计"页面，单击"资金管理"→"日记账"选项，进入"日记账"页面，填写2021年12月的日记账期初金额，操作步骤如图2-35和图2-36所示。

图2-35 进入"日记账"页面

图2-36 日记账录入页面

(2) 按照录入库存现金日记账操作步骤录入银行存款日记账。

第六节 录入固定资产

【情景2-8】

根据表2-21录入固定资产模块期初信息。

录入固定资产,其中管理部、行政部、财务部记入管理费用固定资产折旧科目,销售部记入销售费用固定资产折旧科目,生产车间记入制造费用累计折旧科目。

表2-21　固定资产信息表

编码	资产名称	类别	购买期间	折旧方法	期限/月	残值率/%	原值	期初累计折旧	费用科目编码	使用部门
000001	房屋	01	202012	年限平均	240	5	618 000.00	26 908.75	660207	管理部
000002	办公家具	03	202012	年限平均	60	5	8 000.00	1 393.33	660207	管理部
000003	办公家具	03	202012	年限平均	60	5	8 000.00	1 393.33	660207	管理部
000004	办公家具	03	202012	年限平均	60	5	8 000.00	1 393.33	660207	管理部
000005	办公家具	03	202012	年限平均	60	5	8 000.00	1 393.33	660207	管理部
000006	办公家具	03	202012	年限平均	60	5	8 000.00	1 393.33	660207	管理部
000007	办公家具	03	202012	年限平均	60	5	8 000.00	1 393.33	660207	行政部
000008	办公家具	03	202012	年限平均	60	5	8 000.00	1 393.33	660207	行政部
000009	办公家具	03	202012	年限平均	60	5	8 000.00	1 393.33	660207	行政部
000010	办公家具	03	202012	年限平均	60	5	8 000.00	1 393.33	660207	行政部
000011	办公家具	03	202012	年限平均	60	5	8 000.00	1 393.33	660207	行政部
000012	办公家具	03	202012	年限平均	60	5	8 000.00	1 393.33	660207	行政部
000013	办公家具	03	202012	年限平均	60	5	8 000.00	1 393.33	660207	行政部
000014	办公家具	03	202012	年限平均	60	5	8 000.00	1 393.33	660207	行政部
000015	办公家具	03	202012	年限平均	60	5	8 000.00	1 393.33	660207	行政部
000016	办公家具	03	202012	年限平均	60	5	8 000.00	1 393.33	660207	行政部
000017	办公家具	03	202012	年限平均	60	5	8 000.00	1 393.33	660106	销售部
000018	办公家具	03	202012	年限平均	60	5	8 000.00	1 393.33	660106	销售部
000019	办公家具	03	202012	年限平均	60	5	8 000.00	1 393.33	660106	销售部
000020	办公家具	03	202012	年限平均	60	5	8 000.00	1 393.33	660106	销售部
000021	办公家具	03	202012	年限平均	60	5	8 000.00	1 393.33	660106	销售部
000022	办公家具	03	202012	年限平均	60	5	8 000.00	1 393.33	660106	销售部
000023	办公家具	03	202012	年限平均	60	5	8 000.00	1 393.33	660106	销售部
000024	办公家具	03	202012	年限平均	60	5	8 000.00	1 393.33	660106	销售部
000025	办公家具	03	202012	年限平均	60	5	8 000.00	1 393.33	660106	销售部
000026	办公家具	03	202012	年限平均	60	5	8 000.00	1 393.33	660106	销售部
000027	办公家具	03	202012	年限平均	60	5	8 000.00	1 393.33	660207	财务部
000028	办公家具	03	202012	年限平均	60	5	8 000.00	1 393.33	660207	财务部
000029	办公家具	03	202012	年限平均	60	5	8 000.00	1 393.33	660207	财务部
000030	办公家具	03	202012	年限平均	60	5	8 000.00	1 393.33	660207	财务部
000031	办公家具	03	202012	年限平均	60	5	8 000.00	1 393.33	660207	财务部
000032	办公家具	03	202012	年限平均	60	5	8 000.00	1 393.33	660207	财务部
000033	办公家具	03	202012	年限平均	60	5	8 000.00	1 393.33	660207	财务部
000034	办公家具	03	202012	年限平均	60	5	8 000.00	1 393.33	660207	财务部
000035	办公家具	03	202012	年限平均	60	5	8 000.00	1 393.33	660207	财务部

(续表)

编码	资产名称	类别	购买期间	折旧方法	期限/月	残值率/%	原值	期初累计折旧	费用科目编码	使用部门
000036	办公家具	03	202012	年限平均	60	5	8 000.00	1 393.33	660207	财务部
000037	办公家具	03	202012	年限平均	60	5	8 000.00	1 393.33	5101	生产车间管理人员
000038	办公家具	03	202012	年限平均	60	5	8 000.00	1 393.33	5101	生产车间管理人员
000039	办公家具	03	202012	年限平均	60	5	8 000.00	1 393.33	5101	生产车间管理人员
000040	办公家具	03	202012	年限平均	60	5	8 000.00	1 393.33	5101	生产车间管理人员
000041	办公家具	03	202012	年限平均	60	5	8 000.00	1 393.33	5101	生产车间管理人员
000042	变压器	02	202012	年限平均	120	5	50 000.00	4 354.17	5101	生产车间管理人员
000043	变压器	02	202012	年限平均	120	5	50 000.00	4 354.17	5101	生产车间管理人员
000044	变压器	02	202012	年限平均	120	5	50 000.00	4 354.17	5101	生产车间管理人员
000045	车辆	04	202012	年限平均	48	5	94 000.00	20 464.58	660106	销售部
000046	车床	02	202012	年限平均	120	5	115 000.00	10 014.58	5101	生产车间管理人员
000047	车床	02	202012	年限平均	120	5	115 000.00	10 014.58	5101	生产车间管理人员
000048	联合冲剪机	02	202012	年限平均	120	5	34 500.00	3 004.38	5101	生产车间管理人员
000049	通过式抛丸清理机	02	202012	年限平均	120	5	106 150.00	9 243.90	5101	生产车间管理人员
000050	通过式抛丸清理机	02	202012	年限平均	120	5	106 150.00	9 243.90	5101	生产车间管理人员
000051	环保设备—卧式压力机	02	202012	年限平均	120	5	301 800.00	26 281.75	5101	生产车间管理人员

1. 查看固定资产类别

【操作步骤】

(1) 单击"固定资产"→"固定资产类别"选项，如图2-37所示，打开"固定资产类别"页面。

图2-37　打开"固定资产类别"页面操作

(2) 进入"固定资产类别"页面,查看编号、名称、使用期限、残值率、折旧方法、累计折旧科目是否与公司固定资产设置一致,如图2-38所示。

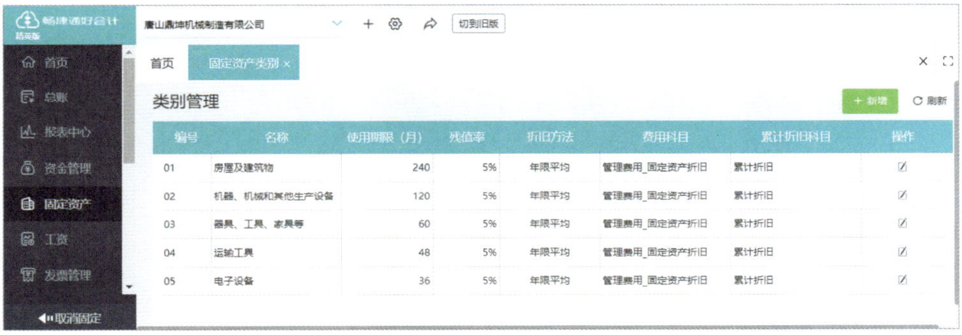

图2-38　查看固定资产类别页面

2. 填写固定资产期初信息

【操作步骤】

(1) 进入"好会计"页面,单击"固定资产"→"固定资产管理"选项,进入"固定资产管理"页面,增加固定资产的操作步骤如图2-39～图2-41所示。

图2-39　进入"固定资产管理"页面操作

图2-40 "固定资产管理"页面

图2-41 "新增固定资产"页面

(2) 根据增加"固定资产房屋"的操作步骤，依次录入其余固定资产信息。

(3) 固定资产信息录入完成后，单击"对账"按钮，查看余额是否相等。

注意：

"固定资产"与"科目余额"下的原值需相等，而"资产累计折旧"与"累计折旧"不一定平衡，因为此时固定资产档案中对比的是2021年12月的金额，固定资产档案中12月的月折旧额已经自动测算得出，但2021年12月末的固定资产累计折旧凭证还未填制，所以会有差异，是正常现象。

(4) 固定资产对账的操作步骤如图2-42和图2-43所示。

第二章 系统管理和基础设置

图2-42　固定资产信息录入完成页面

图2-43　对账页面

▶ 任务评价

任务评价如表2-22所示。

表2-22　任务评价

项目	评价内容	标准分值	实际分值				总结
			自评 30%	互评 20%	师评 50%	合计 100%	
知识素质目标	专业知识水平	10					
	相关知识水平	10					
技能素质目标	运用专业知识能力	20					
	获取信息并利用信息的能力	5					
	合理利用与支配各种资源的能力	10					
	创造性思维和分析能力	7					
	运用特种技能的能力	6					
	处理人际关系的能力	5					

(续表)

项目	评价内容	标准分值	实际分值				总结
			自评	互评	师评	合计	
			30%	20%	50%	100%	
品德素质目标	劳动纪律	5					
	团队精神	5					
	责任心	8					
	正直	5					
	仪容仪表	2					
	环境卫生	2					
合计		100					
总评		等级		教师签名			

第三章 日常业务处理

▶ 知识目标

- ◎ 接受投资
- ◎ 银行借款
- ◎ 证券开户，存出投资款
- ◎ 发放福利
- ◎ 股票交易

▶ 技能目标

- ◎ 能够操作支付货款
- ◎ 能够操作赊销
- ◎ 能够操作销售业务
- ◎ 能够操作收款业务
- ◎ 能够操作结算工资

▶ 本章导语

日常业务处理讲述筹资业务、采购业务、销售业务和期间费用业务。在计算机环境下，为实现各会计业务的连续性，需将业务和计算机平台结合，如赊销、销售业务和现付业务等。因此，由计算机来处理这些有连续规律的业务不但能节省时间，还能加强财务核算的规范性。

任务导图

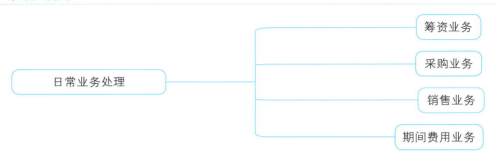

任务清单

任务清单如表3-1所示。

表3-1　任务清单

任务	例题
掌握接受投资业务	【情景3-1】
掌握银行借款业务	【情景3-2】
掌握现付业务	【情景3-3】
掌握采购货已收、款未付业务	【情景3-4】
掌握支付货款业务	【情景3-5】
掌握赊销业务	【情景3-6】
掌握销售业务	【情景3-7】
掌握收款业务	【情景3-8】
掌握预付差旅费业务	【情景3-9】
掌握预付房租业务	【情景3-10】
掌握领用材料业务	【情景3-11】
掌握证券开户，存出投资款业务	【情景3-12】
掌握处理违章业务	【情景3-13】
掌握购买办公用品业务	【情景3-14】
掌握票据工本费业务	【情景3-15】
掌握报销差旅费业务	【情景3-16】
掌握发放福利业务	【情景3-17】
掌握股票交易业务	【情景3-18】
掌握结算工资业务	【情景3-19】

任务描述

企业进入"好会计"平台，进行接受投资、借款、采购材料、销售商品、差旅费、购买办公用品、发放职工工资和福利等日常业务的处理，并根据业务填写记账凭证和日记账。

好会计日常业务处理描述如表3-2所示。

表3-2　好会计日常业务处理描述

任务目标	知识素质目标	技能素质目标		品德素质目标
	1. 筹资业务	1. 认知事物的能力		1. 严谨的工作作风
	2. 采购业务	2. 分析问题的能力		2. 踏实的工作态度
	3. 销售业务	3. 会计思维能力		3. 细致的工作方法
任务材料	教材		任务方法	讲授
	"好会计"软件			个人操作
	网络材料			团体讨论
任务步骤	掌握基础操作		任务工具	项目任务书
	了解企业信息			笔、纸
	撰写任务产出表			计算机、网络
任务评价	自评	互评		师评
	总评			

第一节　筹资业务

3.1.1　接受投资

【情景3-1】

12月1日，企业收到陈强投资2 000 000.00元。附单据1张，原始凭证如图3-1所示。

会计分录如下。

借：银行存款——建行存款　　　　　　　　　　　　2 000 000.00
　　贷：实收资本——陈强　　　　　　　　　　　　　2 000 000.00

【操作步骤】

(1) 进入"好会计"平台，单击"总账"→"新增凭证"选项，填制凭证的具体操作步骤如图3-2～图3-6所示。

注意：

因"实收资本"科目下有明细科目，所以填制过程中需新增明细科目。根据会计岗位职责不同，记账凭证"制单人"应修改为"高峰"。

图3-1 网上银行电子回单

图3-2 进入"好会计"平台操作页面

图3-3 填制凭证页面

图3-4 新增明细科目页面

图3-5 修改制单人页面

图3-6 保存凭证页面

(2) 保存后，记账凭证增加完成。

注意：

如果记账凭证填制错误，可单击"总账"→"查看凭证"选项，删除错误凭证，删除完成后重新录入即可。

(3) 凭证增加完成后，单击"资金管理"→"日记账"选项，进入"日记账"页面，填写建行存款日记账，具体操作步骤如图3-7和图3-8所示。

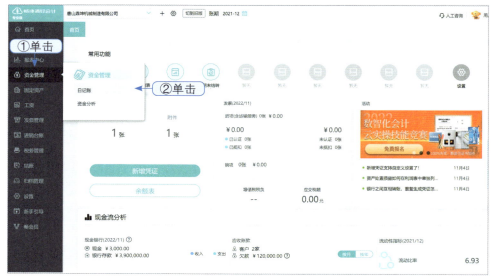

图3-7　进入"日记账"操作页面

图3-8　填写"日记账"页面

(4) 填写完成后退出即可。

3.1.2　银行借款

【情景3-2】

12月2日，向建设银行借款500 000.00元，期限为3年。附单据2张，借款合同如图3-9所示。

会计分录如下。

借：银行存款——建行存款　　　　　　　　　500 000.00
　　贷：短期借款　　　　　　　　　　　　　　　500 000.00

图3-9　借款合同

【操作步骤】

(1) 新增一张记账凭证，录入相关内容后保存，具体操作步骤如图3-10所示。

图3-10　新增记账凭证页面

(2) 保存完成后，记账凭证增加完成。

注意：

增加凭证还有一种方法，就是在首页直接单击"新增凭证"按钮。凭证增加完成后，单击"资金管理"→"日记账"选项，进入"日记账"页面，填写建行存款日记账，具体操作步骤与【情景3-1】一致，填写完成页面如图3-11所示。

图3-11　日记账填写完成页面

第二节　采购业务

3.2.1　现付业务

【情景3-3】

12月4日，企业从博能传动(天津)有限公司购入齿轮箱、功率模块、控制模块和操作面板一批，货已收，取得增值税专用发票(暂不进项认证抵扣)，通过银行存款支付货款。附单据4张，原始凭证如图3-12～图3-14所示。

会计分录如下。

借：原材料——齿轮箱　　　　　　　　　　　　　　23 100.00
　　　　　　——功率模块　　　　　　　　　　　　　1 650.00
　　　　　　——控制模块　　　　　　　　　　　　　　650.00
　　　　　　——操作面板　　　　　　　　　　　　　　100.00
　　应交税费——应交增值税——进项税额　　　　　3 315.00
　　贷：银行存款——建行存款　　　　　　　　　　28 815.00

1200213130　　天津增值税专用发票　　№ 03610242　　1200213130　03610242

机器编号：200580000702　　开票日期：2021年12月04日

购买方	
名称	唐山鼎坤机械制造有限公司
纳税人识别号	91130282595448540P
地址、电话	丰南经济开发区 0315-7770123
开户行及账号	丰南建行 13001627208050506733
密码区	2**-8+//62396457*/2+562 01-1*03+46357+70870158*-5** 3<9*081<---*852468/2<*32/03 08/22391446>67353>518307*0+

货物或应税劳务、服务名称	规格型号	单位	数量	单价	金额	税率	税额
*齿轮*齿轮箱	P-KA12-360-F160-B54	件	1	23100.00	23100.00	13%	3003.00
*齿轮*功率模块	A1-PM25-B3C15-N	件	1	1650.00	1650.00	13%	214.50
*齿轮*控制模块	A1-CM25-MB-PE	件	1	650.00	650.00	13%	84.50
*齿轮*操作面板	A1-OP25	件	1	100.00	100.00	13%	13.00
合计					¥25500.00		¥3315.00
价税合计（大写）	⊗贰万捌仟捌佰壹拾伍元整				（小写）¥28815.00		

销售方	
名称	博能传动（天津）有限公司
纳税人识别号	91120113562662102C
地址、电话	天津市北辰区双海道6号宏鹏工业园A区7号车间 022-26929552
开户行及账号	中国农业银行天津北辰支行 02040001040045460
备注	

收款人：刘俊杰　　复核：潘伶会　　开票人：刘俊杰　　销售方：（章）

博能传动（天津）有限公司 911201135626621020 发票专用章

第三联：发票联 购买方记账凭证

图3-12　增值税专用发票

材料入库单

2021 年 12 月 4 日　　　　第 1 号

材料名称	计量单位	入库数量	单位成本	金额	用途
齿轮箱	件	1	23 100.00	23 100.00	
功率模块	件	1	1 650.00	1 650.00	
控制模块	件	1	650.00	650.00	
操作面板	件	1	100.00	100.00	
合计				¥25 500.00	

第三联 财务部门记账

财务经理 张海峰　　部门主任 赵煜　　制单 汪雪

图3-13　材料入库单

建设银行　　网上银行电子回单

票据张数：网银汇款回单			日期：2021年12月04日		
付款方	账号	13001627208050506733	收款方	账号	02040001040045460
	全称	唐山鼎坤机械制造有限公司		全称	博能传动（天津）有限公司
	开户银行	中国建设银行唐山丰南支行		开户银行	中国农业银行天津北辰支行
	行号	105124000790		行号	103110004004
金额	RMB：28 815.00				
	人民币（大写）：贰万捌仟捌佰壹拾伍元整				
流水号	X208705000246115349230001		验证码	09693489	
摘要	支付货款，唐山鼎坤机械制造有限公司				

建设银行 电子回单 专用章

图3-14　网上银行电子回单

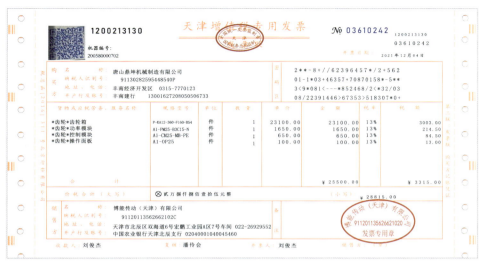

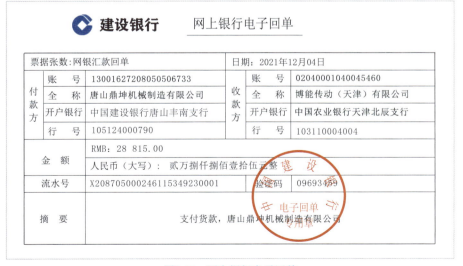

【操作步骤】

(1) 进入"好会计"平台,单击"发票管理"→"发票"选项,进入"发票"页面,在页面中选择二维码"扫一扫"图案,扫描发票的具体操作步骤如图3-15～图3-19所示。

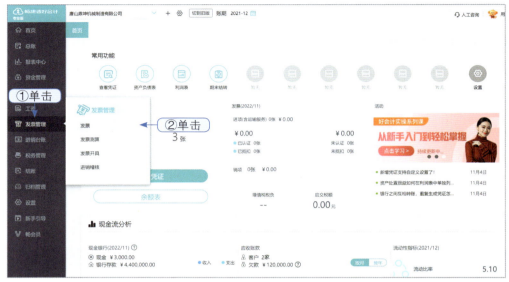

图3-15　进入发票管理系统页面

图3-16　选择二维码页面

图3-17　扫描二维码页面

(2) 打开扫描二维码页面后，使用手机微信App，扫描"微信扫票小程序"下方的二维码，进入"小畅识票"页面，手机端显示"连接成功"后，确认账套名称与计算机端公司名称、日期一致，然后单击"扫一扫"扫描需要录入的票据，如图3-18和图3-19所示。

图3-18 二维码识别页面　　　　　　　　图3-19 识别完成页面

注意：

如果手机微信扫描不成功，可以使用拍照识别发票功能，进行图文识别，将发票内容上传至计算机。

(3) 上传信息完成后，在计算机端会出现识别出的发票信息，仔细核实发票信息与上传发票信息无误后，单击"结束扫描"按钮，发票信息自动保存，具体操作步骤如图3-20所示。

图3-20 扫描完成

(4) 单击"结束扫描"按钮后，会自动转到"发票"页面，需要对刚录入的发票进行认证，认证发票的具体操作步骤如图3-21～图3-24所示。

图3-21　进入查看发票页面

图3-22　认证发票

图3-23　模拟认证

图3-24　模拟认证时间

(5) 单击"确定"按钮，发票认证完成。

(6) 发票认证完成后，进入"新增凭证"页面，新增一张记账凭证并录入相关数据，具体操作步骤与【情景3-1】新增凭证操作步骤一致，凭证如图3-25所示。

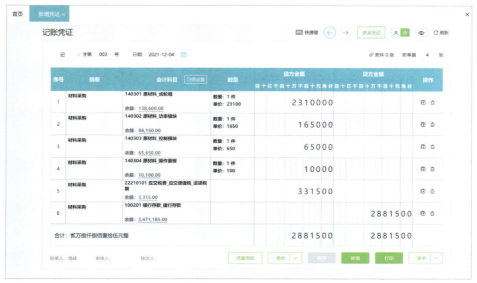

图3-25　记账凭证保存完成页面

(7) 保存凭证后，单击"资金管理"→"日记账"选项，进入"日记账"页面，填写建行存款日记账，填写完成页面如图3-26所示。

图3-26　填写完成页面

3.2.2　采购货已收、款未付

【情景3-4】

12月4日，企业从唐山市丰南区光辉耐磨材料厂采购铸件一批，取得增值税专用发票(暂不进项认证抵扣)，材料当天入库，货款尚未支付。附单据2张，原始凭证如图3-27和图3-28所示。

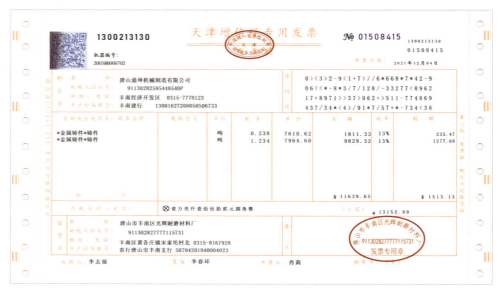

图3-27 增值税专用发票

材料名称	计量单位	入库数量	单位成本	金 额	用 途
铸件	件	0.238	7 610.62	1 811.33	
铸件	件	1.234	7 964.60	9 828.32	
合 计				¥ 11 639.65	

财务经理 张海峰　　部门主任 赵 煜　　制单 汪 雪

图3-28 材料入库单

会计分录如下。

借：原材料——铸件1　　　　　　　　　　　　　1 811.33
　　　　——铸件2　　　　　　　　　　　　　　9 828.32
　　应交税费——应交增值税——进项税额　　　 1 513.15
　　贷：应付账款——唐山市丰南区光辉耐磨材料厂　13 152.80

【操作步骤】

(1) 进入"好会计"平台，单击"发票管理"→"发票"选项，根据图3-27信息，新增一张进项发票，具体操作步骤如图3-29～图3-34所示。

图3-29 进入发票管理系统页面

图3-30 新增进项发票页面

图3-31 输入企业信息

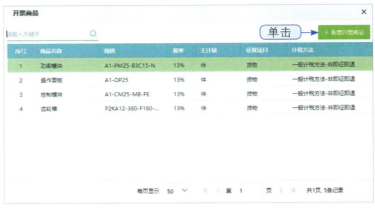

图3-32 新增开票商品页面

图3-33 输入商品信息页面

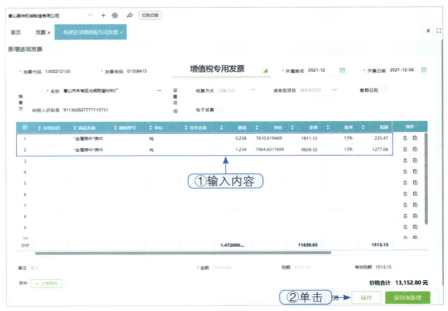

图3-34 输入材料的相关内容页面

(2) 保存后，需要对发票进行认证，认证发票的操作步骤与【情景3-3】的操作步骤一致，此处不再赘述。

(3) 发票认证完成后，进入"新增凭证"页面，新增一张记账凭证并录入相关数据，具体操作步骤与【情景3-1】新增凭证操作步骤一致，此处不再赘述，凭证保存后如图3-35所示。

图3-35　记账凭证保存完成页面

3.2.3　支付货款

【情景3-5】

12月5日，企业以银行存款支付前欠唐山市丰南区光辉耐磨材料厂货款13 152.80元。附单据1张，原始凭证如图3-36所示。

会计分录如下。

借：应付账款——唐山市丰南区光辉耐磨材料厂　　　　13 152.80
　　贷：银行存款——建行存款　　　　　　　　　　　　　　13 152.80

图3-36 网上银行电子回单

【操作步骤】

(1) 进入"好会计"平台,单击"总账"→"新增凭证"选项,填制凭证的具体操作步骤与【情景3-1】新增凭证操作步骤一致,此处不再赘述,凭证如图3-37所示。

图3-37 新增记账凭证页面

(2) 保存凭证后,单击"资金管理"→"日记账"选项,进入"日记账"页面,填写建行存款日记账,填写完成页面如图3-38所示。

图3-38　填写日记账完成页面

第三节　销售业务

3.3.1　赊销

【情景3-6】

12月6日，企业向唐山秋实机电工程有限公司销售长螺杆钻机CFG-23一台，单价为318 584.07元；长螺杆钻机CFG-24一台，单价为340 707.96元；开具增值税专用发票，款未收。附单据2张，原始凭证如图3-39和图3-40所示。

会计分录如下。

借：应收账款——唐山秋实机电工程有限公司　　745 000.00
　　贷：主营业务收入——长螺杆钻机CFG-23　　318 584.07
　　　　　　　　　　——长螺杆钻机CFG-24　　340 707.96
　　　　应交税费——应交增值税——销项税额　　 85 707.97

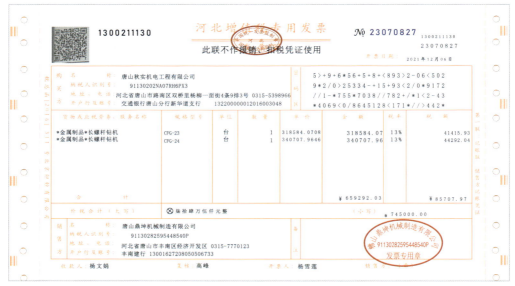

图3-39 增值税专用发票

图3-40 产品出库单

【操作步骤】

(1) 进入"好会计"平台,单击"发票管理"→"发票"选项,进入"发票"页面,在页面中选择二维码的"扫一扫"图案,扫描发票的具体操作步骤与【情景3-3】一致,完成后如图3-41所示。

(2) 单击"结束扫描"按钮后,自动转到"发票"页面,需要对刚录入的发票进行检查,检查信息是否与原始凭证信息一致,具体操作步骤如图3-42和图3-43所示。

图3-41 扫描发票

图3-42 "发票"页面

图3-43 查看销项增值税专用发票页面

(3) 检查完成后,在总账系统新增记账凭证,增加凭证的具体操作步骤与【情景3-1】新增凭证操作步骤一致,凭证保存后如图3-44所示。

图3-44 记账凭证页面

3.3.2 销售现收业务

【情景3-7】

12月6日,向黑龙江多宝山铜业股份有限公司销售WG8鼓形齿式联轴器一套,单价为3 097.35元。附单据3张,原始凭证如图3-45和图3-46所示。

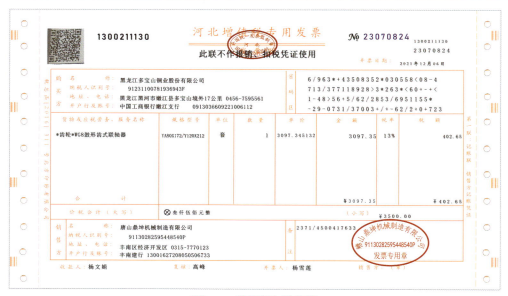

图3-45 增值税专用发票

图3-46 银行回单

会计分录如下。

借：银行存款——建行存款　　　　　　　　　　　3 500.00
　　贷：主营业务收入——WG8鼓形齿式联轴器　　　3 097.35
　　　　应交税费——应交增值税费——销项税额　　402.65

【操作步骤】

(1) 进入"好会计"平台，单击"发票管理"→"发票"选项，进入"发票"页面，根据图3-45所示的发票信息，新增一张销项发票，具体操作步骤如图3-47~图3-52所示。

图3-47 新增销项发票页面

图3-48 增加销项发票页面

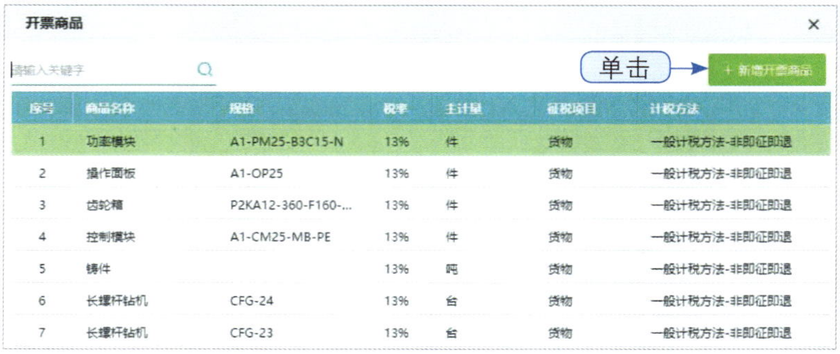

图3-49 新增开票商品页面

图3-50 新增开票商品页面

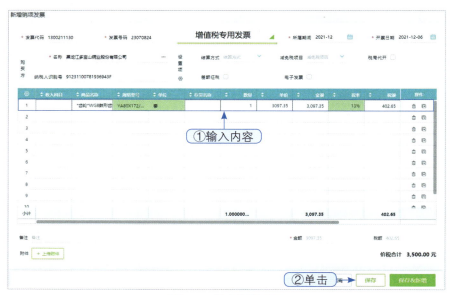

图3-51 保存发票页面

图3-52　发票保存完成后页面

(2) 保存发票后，进入"新增凭证"页面，新增一张记账凭证并录入相关数据，具体操作步骤与【情景3-1】新增凭证操作步骤一致，凭证如图3-53所示。

图3-53　记账凭证页面

(3) 保存凭证后，单击"资金管理"→"日记账"选项，进入"日记账"页面，填写建行存款日记账，填写完成页面如图3-54所示。

图3-54 填写建行存款

3.3.3 收款业务

【情景3-8】

12月7日,收到唐山秋实机电工程有限公司的货款745 000.00元,已存入银行。附单据1张,原始凭证如图3-55所示。

会计分录如下。

借:银行存款——建行存款　　　　　　　　　　745 000.00
　　贷:应收账款——唐山秋实机电工程有限公司　　745 000.00

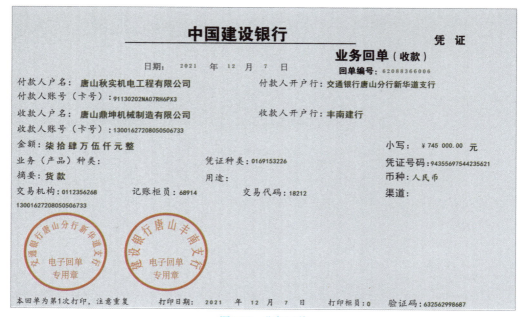

图3-55 业务回单

【操作步骤】

(1) 进入"好会计"平台，单击"总账"→"新增凭证"选项，填制凭证的具体操作步骤与【情景3-1】新增凭证操作步骤一致，此处不再赘述，凭证如图3-56所示。

图3-56　记账凭证页面

(2) 保存凭证后，单击"资金管理"→"日记账"选项，进入"日记账"页面，填写建行存款日记账，填写完成页面如图3-57所示。

图3-57　填写日记账页面

第四节　期间费用业务

3.4.1　预付差旅费

【情景3-9】

12月8日，员工李木因出差向公司借款3 000.00元，出纳签发支票一张。附单据2张，原始凭证如图3-58所示。

会计分录如下。

借：其他应收款——李木　　3 000.00

　贷：银行存款——建行存款　　3 000.00

借 款 单

资金性质 银行存款　　2021 年 12月 8日　　字 1 号

借款单位	销售部门		
借款理由	出差预借差旅费		
借款数额	人民币（大写）叁仟元整　　¥3 000.00		
主办单位负责人意见	同意	借款人（签章）	李 木
领导指示：同意	会计主管人员审批：杨雪莲	付款记录：2021 年 12 月 8 日	

第二联：记账

图3-58　借款单

【操作步骤】

进入“好会计”平台，单击“总账”→“新增凭证”选项，填制凭证的具体操作步骤与【情景3-1】新增凭证操作步骤一致，此处不再赘述，凭证如图3-59所示。

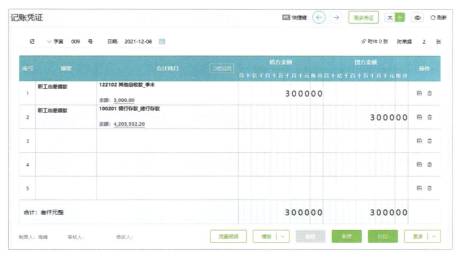

图3-59 记账凭证页面

(2) 保存凭证后，单击"资金管理"→"日记账"选项，进入"日记账"页面，填写建行存款日记账，填写完成页面如图3-60所示。

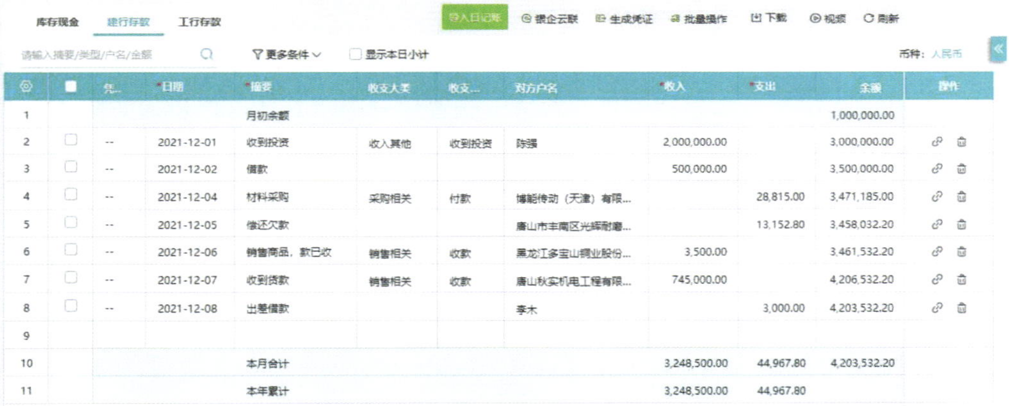

图3-60 填写日记账页面

3.4.2 预付房租

【情景3-10】

12月9日，预付下一年的房租12 000.00元。附单据2张，原始凭证如图3-61所示。

会计分录如下。

借：预付账款——唐山安居房地产　　　　　　　　　12 360.00
　　贷：银行存款——建行存款　　　　　　　　　　　　　12 360.00

图3-61 增值税普通发票

【操作步骤】

(1) 进入"好会计"平台,单击"发票管理"→"发票"选项,进入"发票"页面,根据图3-61所示的发票信息,新增一张普通发票,具体操作步骤如图3-62～图3-67所示。

图3-62 新增进项税额凭证页面

图3-63 选择增值税普通发票页面

图3-64 填写增值税普通发票页面

图3-65 选择供应商页面

图3-66 输入供应商信息页面

图3-67 新增进项发票页面

（2）单击"开票商品"后的"..."按钮，进入"新增开票商品"页面，输入需开票商品的名称。新增商品填写完成如图3-68所示。

图3-68　"新增开票商品"页面

（3）填写完成后单击"保存"按钮，自动回到增值税普通发票填写页面，将发票信息补充完整，具体操作步骤如图3-69所示。

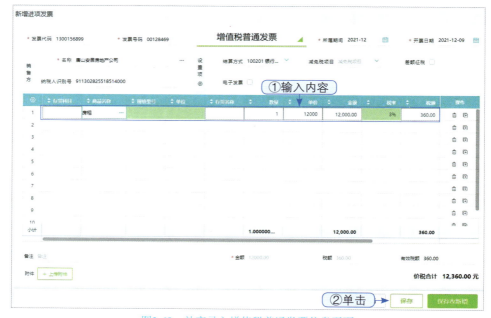

图3-69　补充录入增值税普通发票信息页面

(4) 发票保存完成后，进入"新增凭证"页面，新增一张记账凭证并录入相关数据，具体操作步骤与【情景3-1】新增凭证操作步骤一致，此处不再赘述，凭证如图3-70所示。

图3-70　记账凭证页面

(5) 保存凭证后，单击"资金管理"→"日记账"选项，进入"日记账"页面，填写建行存款日记账，但此题在填制发票时选择了结算科目，所以日记账无须手动填写，系统自动填写完成，填写完成后如图3-71所示。

图3-71　填写日记账页面

3.4.3 领用材料

【情景3-11】

12月10日，生产车间为生产长螺杆钻机CFG-23领用齿轮箱2件，操作面板10件。附单据2张，领料单如图3-72所示。

会计分录如下。

借：生产成本——长螺杆钻机CFG-23　　47 200.00

　贷：原材料——齿轮箱　　46 200.00

　　　　——操作面板　　1 000.00

领料单

领用部门 生产车间

产品项目 长螺杆钻机CFG-23

2021年12月10日　　字 1 号

编号	名称及规格	单位	数量 请领	数量 实领	单价	总值	分页	用途
	齿轮箱	件	2	2	23100.00	46200.00		
	操作面板	件	10	10	100.00	1000.00		
合	计							

二 交财务部门记账

财务部门主管 杨雪莲　记账 杨文娟　保管部门主管 杨宇　发料 张佳　领料部门主管 程政　领料 蒋飞

图3-72　领料单

【操作步骤】

进入“好会计”平台，单击“总账”→“新增凭证”选项，填制凭证的具体操作步骤与【情景3-1】新增凭证操作步骤一致，凭证保存后如图3-73所示。

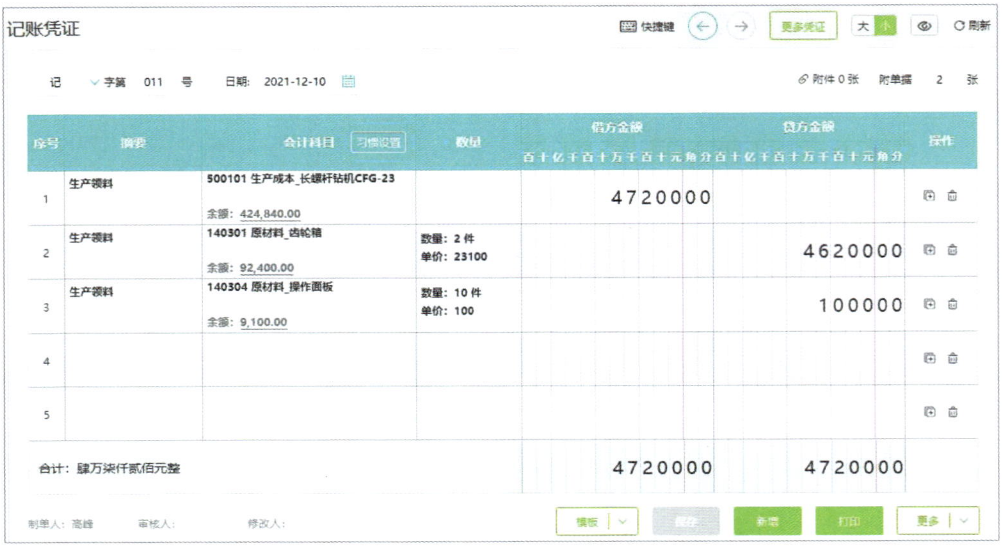

图3-73　记账凭证页面

3.4.4 证券开户,存出投资款

【情景3-12】

12月12日,企业到证券公司开户,从建设银行账户转入200 000.00元到证券交易账户。附单据1张,收费回单如图3-74所示。

会计分录如下。

借:其他货币资金　　　　　　　　　　　　　　　200 000.00
　　贷:银行存款——建行存款　　　　　　　　　　　　200 000.00

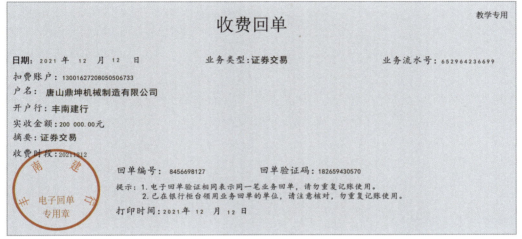

图3-74　收费回单

【操作步骤】

(1) 进入"好会计"平台,单击"总账"→"新增凭证"选项,填制凭证的具体操作步骤与【情景3-1】新增凭证操作步骤一致,凭证如图3-75所示。

图3-75　记账凭证页面

(2) 保存凭证后，单击“资金管理”→“日记账”选项，进入“日记账”页面，填写建行存款日记账，填写完成页面如图3-76所示。

	凭...	*日期	*摘要	收支大类	收支...	对方户名	*收入	*支出	余额	操作
1			月初余额						1,000,000.00	
2	--	2021-12-01	收到投资	收入其他	收到投资	陈强	2,000,000.00		3,000,000.00	
3	--	2021-12-02	借款				500,000.00		3,500,000.00	
4	--	2021-12-04	材料采购	采购相关	付款	博能传动（天津）有限...		28,815.00	3,471,185.00	
5	--	2021-12-05	偿还欠款			唐山市丰南区光辉耐磨...		13,152.80	3,458,032.20	
6	--	2021-12-06	销售商品，款已收	销售相关	收款	黑龙江多宝山铜业股份...	3,500.00		3,461,532.20	
7	--	2021-12-07	收到货款	销售相关	收款	唐山秋实机电工程有限...	745,000.00		4,206,532.20	
8	--	2021-12-08	出差借款			李木		3,000.00	4,203,532.20	
9	--	2021-12-09	进项发票00128469	采购相关	付款	唐山安居房地产公司		12,360.00	4,191,172.20	
10	--	2021-12-12	存出投资款	资金周转-...	转账（...			200,000.00	3,991,172.20	
11										
12			本月合计				3,248,500.00	257,327.80	3,991,172.20	
13			本年累计				3,248,500.00	257,327.80		

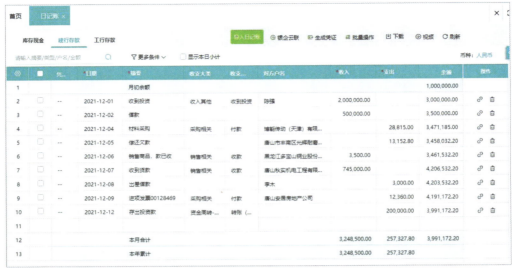

图3-76　填写日记账页面

3.4.5　处理违章

【情景3-13】

12月13日，以建行存款处理公司车辆违章罚款200.00元。附单据2张，其中交通违法行为拍摄通知单如图3-77所示。

会计分录如下。

借：营业外支出——罚款　　200.00

　贷：银行存款——建行存款　　200.00

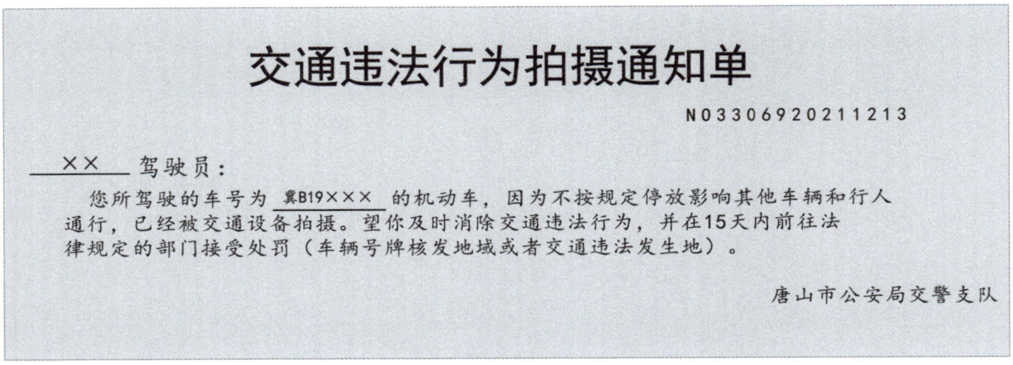

交通违法行为拍摄通知单

N03306920211213

__××__驾驶员：

您所驾驶的车号为__冀B19×××__的机动车，因为不按规定停放影响其他车辆和行人通行，已经被交通设备拍摄。望你及时消除交通违法行为，并在15天内前往法律规定的部门接受处罚（车辆号牌核发地域或者交通违法发生地）。

唐山市公安局交警支队

图3-77　交通违法行为拍摄通知单

【操作步骤】

(1) 进入"好会计"平台,单击"总账"→"新增凭证"选项,填制凭证的具体操作步骤与【情景3-1】新增凭证操作步骤一致,凭证如图3-78所示。

图3-78　记账凭证页面

(2) 保存凭证后,单击"模板"按钮,选择"存为模板"选项,打开"存为模板"页面,将本题会计分录存为"罚款"分录模板。操作步骤如图3-79所示。

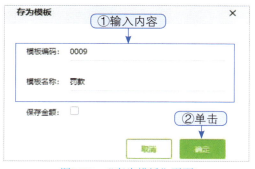

图3-79　"存为模板"页面

(3) 保存模板后,单击"资金管理"→"日记账"选项,进入"日记账"页面,填写建行存款日记账,填写完成页面如图3-80所示。

图3-80 填写建行存款页面

3.4.6 购买办公用品

【情景3-14】

12月16日,从晨光办公用品店购入打印机一台,取得增值税普通发票一张,用建行存款支付。附单据2张,其中增值税普通发票如图3-81所示。

会计分录如下。

借：管理费用——办公费　　　　　　　　　　　　　　　3 090.00
　　贷：银行存款——建行存款　　　　　　　　　　　　　　3 090.00

图3-81 增值税普通发票

【操作步骤】

(1) 进入"好会计"平台,单击"发票管理"→"发票"选项,进入"发票"页面,根据图3-81所示的发票信息,新增一张普通发票,操作步骤与【情景3-10】操作步骤一致,发票增加完后如图3-82所示。

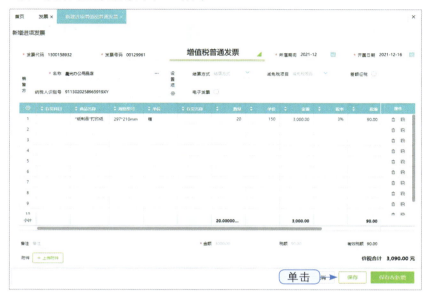

图3-82　新增增值税普通发票页面

(2) 单击"保存"按钮后,自动转到图3-83所示页面,此时还可以再进行检查,如果发现录入错误可以单击右下角的"删除"按钮,将发票删除,删除后重新录入正确发票。

图3-83　查看进项税额增值税普通发票页面

(3) 发票保存无误后，单击"总账"→"新增凭证"选项，填制凭证的具体操作步骤与【情景3-1】新增凭证操作步骤一致，凭证如图3-84所示。

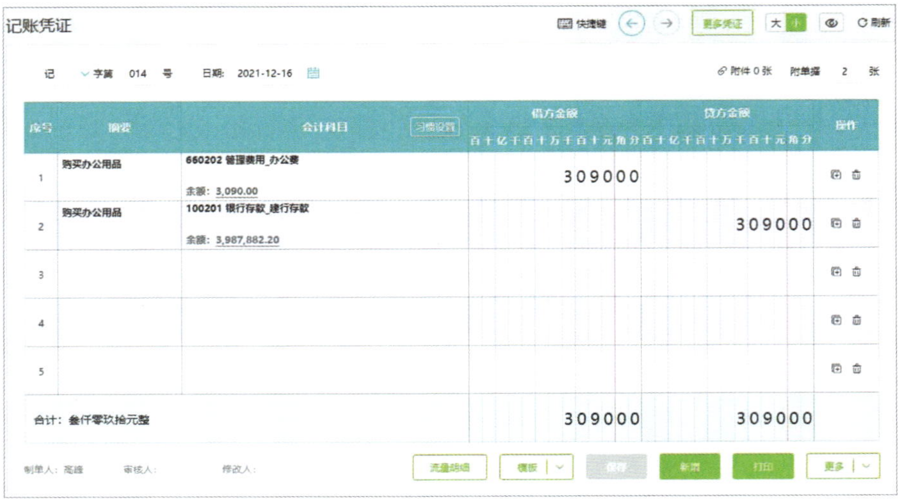

图3-84 记账凭证页面

(4) 保存凭证后，单击"资金管理"→"日记账"选项，进入"日记账"页面，填写建行存款日记账，填写完成页面如图3-85所示。

图3-85 填写建行存款页面

3.4.7 票据工本费

【情景3-15】

12月16日，公司到建设银行购买现金支票，支付工本费100.00元。附单据1张，收费回单如图3-86所示。

会计分录如下。

借：财务费用——手续费　　　　　　　　　　　　　　100.00
　　贷：银行存款——建行存款　　　　　　　　　　　　100.00

图3-86　收费回单

【操作步骤】

(1) 进入"好会计"平台，单击"资金管理"→"日记账"选项，根据题意填写"建行存款"日记账，并根据日记账内容自动生成记账凭证，具体操作步骤如图3-87和图3-88所示。

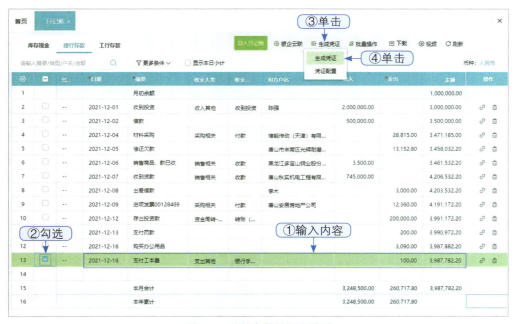

图3-87　建行存款日记账页面

图3-88 生成凭证预览页面

(2) 生成凭证后,单击"凭证预览"页面的"修改凭证"按钮,对生成的凭证进行检查并修改,修改凭证的具体操作步骤如图3-89和图3-90所示。

图3-89 对生成的凭证进行检查并修改

图3-90 记账凭证页面

(3) 检查凭证无误后,返回"生成凭证预览"页面,单击右上角的"全部生成凭证"按钮,对生成的凭证进行保存,如图3-91所示。

图3-91　生成结果页面

(4) 保存完成后,单击"总账"→"查看凭证"选项,进入"查看凭证"页面,检查日记账生成的凭证是否保存成功,具体操作步骤如图3-92和图3-93所示。

图3-92　总账系统页面

图3-93　查看凭证页面

3.4.8 报销差旅费

【情景3-16】

12月17日，报销销售人员李木差旅费，根据报销单金额及税额填制凭证。附单据4张，原始凭证如图3-94～图3-96所示。

会计分录如下。

借：管理费用——差旅费　　　　　　　　　　　2 521.00
　　　　——库存现金　　　　　　　　　　　　 355.00
　　应交税费——应交增值税(进项税额)　　　　 124.00
　贷：其他应收款——李木　　　　　　　　　　3 000.00

图3-94　火车票

图3-95　增值税普通发票

差旅费报销单

部门	销售部门					2021 年 12 月 16 日				单位：元	
出差人	李木					出差事由	参加商品交易会				
出发			到达			交通费		出差补贴		其他费用	
月	日	时	地址	月	日	时	地址	交通工具	单据张数	金额	天数	金额	项目	单据张数	金额
12	5	8	唐山	12	5	16	上海	火车	1	400.00	7	300.00	住宿费	1	1 545.00
12	11	9	上海	12	11	17	唐山	火车	1	400.00					
合计										¥800.00		300.00			1 545.00
报销总额	人民币（大写）	叁仟元整				预借旅费	¥3 000.00			补领金额	
										退还金额	¥355.00

附件 4 张

总经理 杨雪庆　　财务主管 杨雪莲　　审核 杨雪莲　　部门主管 杨 静　　制单 高 峰

图3-96　差旅费报销单

【操作步骤】

（1）进入"好会计"平台，单击"发票管理"→"发票"选项，进入"发票"页面，根据图3-95所示的发票信息，新增一张普通发票，操作步骤与【情景3-10】的操作步骤一致，增加发票页面如图3-97所示。

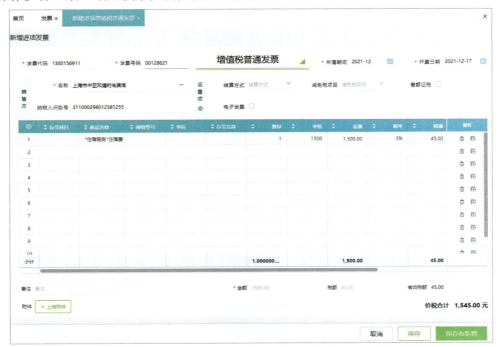

图3-97　新增进项增值税普通发票页面

（2）保存发票后，单击"总账"→"新增凭证"选项，填制凭证的具体操作步骤与【情景3-1】新增凭证操作步骤一致，凭证如图3-98所示。

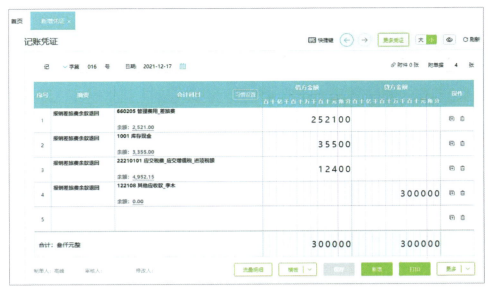

图3-98 记账凭证页面

(3) 保存凭证后，单击"资金管理"→"日记账"选项，进入"日记账"页面，填写建行存款日记账，填写完成页面如图3-99所示。

图3-99 填写库存现金页面

注意：

如果后续发现记账凭证填写错误，应先删除日记账，再删除记账凭证。

3.4.9 发放福利

【情景3-17】

12月19日，企业购入粮油礼盒10盒准备在元旦节发放给员工，取得增值税普通发票。附单据2张，增值税普通发票如图3-100所示。

会计分录如下。

借：库存商品——粮油礼盒　　　　　　　　　　　　　2 266.00
　　贷：库存现金　　　　　　　　　　　　　　　　　　　2 266.00
借：应付职工薪酬——非货币性福利　　　　　　　　　　2 266.00
　　贷：库存商品——粮油礼盒　　　　　　　　　　　　　2 266.00

图3-100　增值税普通发票

【操作步骤】

(1) 进入"好会计"平台，单击"发票管理"→"发票"选项，进入"发票"页面，根据图3-100所示的发票信息，新增一张普通发票，操作步骤与【情景3-10】的操作步骤一致，增加发票页面如图3-101所示。

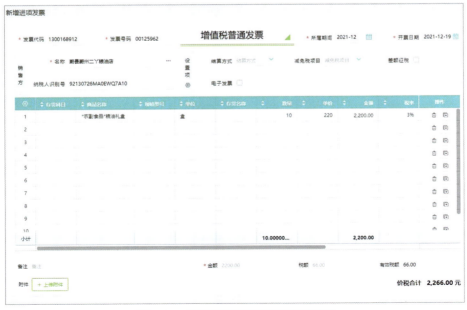

图3-101　新增进项增值税普通发票页面

(2) 保存发票后,返回"发票"页面,单击"生成凭证"按钮,生成记账凭证,具体操作步骤如图3-102～图3-106所示。

图3-102　生成凭证页面

图3-103　修改凭证页面

图3-104　记账凭证页面

(3) 修改完成后,单击"保存"按钮,保存后,返回"生成凭证预览"页面,单击右上角的"全部生成凭证"按钮,对生成的凭证进行保存。

图3-105 "生成凭证预览"页面

图3-106 凭证生成页面

(4) 凭证生成后,单击"资金管理"→"日记账"选项,进入"日记账"页面,填写建行存款日记账,填写完成页面如图3-107所示。

图3-107 填写日记账页面

(5) 录完日记账后,因本题需要填制两张记账凭证,所以还需单击"总账"→"新增凭证"选项填制凭证,具体操作步骤与【情景3-1】新增凭证操作步骤一致,凭证保存后如图3-108所示。

图3-108　记账凭证页面

3.4.10　股票交易

【情景3-18】

12月22日，从股票交易市场购入安康股份股票10万股，每股1.60元并支付购买股票手续费(手续费金额为交易金额的0.3%)，获得金融服务费。附单据1张，增值税专用发票如图3-109所示。

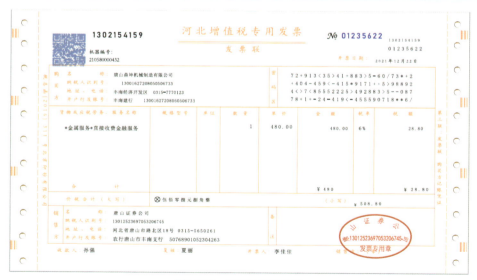

图3-109　增值税专用发票

会计分录如下。

借：交易性金融资产——成本　　　　　　　　　　　　160 000.00
　　投资收益　　　　　　　　　　　　　　　　　　　　　480.00
　　应交税费——应交增值税——进项税额　　　　　　　　28.80
　　贷：其他货币资金　　　　　　　　　　　　　　　　160 508.80

【操作步骤】

进入"好会计"平台，单击"发票管理"→"发票"选项，新增增值税普通发票，根据原始凭证内容录入发票信息，并新增一张记账凭证，如图3-110和图3-111所示。

图3-110　新增进项增值税专用发票页面

图3-111　记账凭证页面

3.4.11 结算工资

【情景3-19】

12月30日，录入工资信息并生成计提本月工资及社保公积金的凭证。工资信息如表3-3所示。

表3-3 工资信息表

姓名	部门	证照类型	证照号码	人员状态	入职日期	基本工资	津贴	应发工资
杨雪庆	管理部	中国护照	G12001540	正常	2012/05/17	10 000.00	500.00	10 500.00
陈宁涛	管理部	中国护照	G12001541	正常	2012/05/17	5 000.00	300.00	5 300.00
赵 雪	行政部	中国护照	G12001542	正常	2012/05/17	5 000.00	300.00	5 300.00
杨 静	销售部	中国护照	G12001543	正常	2012/05/17	4 000.00	300.00	4 300.00
李 木	销售部	中国护照	G12001544	正常	2019/01/05	3 000.00	200.00	3 200.00
李成林	销售部	中国护照	G12001545	正常	2019/01/05	3 000.00	200.00	3 200.00
杨雪莲	财务部	中国护照	G12001546	正常	2012/05/17	4 000.00	300.00	4 300.00
杨文娟	财务部	中国护照	G12001547	正常	2015/06/01	3 000.00	200.00	3 200.00
高 峰	财务部	中国护照	G12001548	正常	2019/01/09	3 000.00	200.00	3 200.00
程 政	生产车间管理人员	中国护照	G12001549	正常	2016/06/06	4 000.00	300.00	4 300.00
蒋 飞	生产车间——长螺杆钻机CFG23	中国护照	G12001550	正常	2019/08/25	3 000.00	200.00	3 200.00
王 景	生产车间——长螺杆钻机CFG23	中国护照	G12001551	正常	2018/12/01	3 000.00	300.00	3 300.00
魏春秋	生产车间——长螺杆钻机CFG24	中国护照	G12001552	正常	2019/03/15	3 000.00	200.00	3 200.00
赵 煦	生产车间——长螺杆钻机CFG24	中国护照	G12001553	正常	2020/02/20	3 000.00	100.00	3 100.00

【操作步骤】

(1) 进入"好会计"平台，单击"工资"→"工资表"选项，进入"工资表"页面，录入工资信息，具体操作步骤如图3-112～图3-115所示。

图3-112 进入工资表页面

图3-113 进入新增人员操作页面

图3-114 "人员新增"页面

图3-115 保存后的页面

(2) 按照上述方法增加其他员工工资信息，全部新增完成后如图3-116所示。

图3-116 人员工资信息录入完成页面

注意：

录入工资信息还有另一种方法，即从工资模板导入，在"工资表"页面单击"添加人员"→"工资表模板导入"选项，先下载工资模板到桌面，然后根据模板提示将信息录入完整后保存，保存完成后返回工资模板导入页面，单击"选择文件"按钮，选择录完的模板并将其导入系统。

（3）人员信息录入完成后，根据表3-4所示的信息设置社保参数，单击"工资表"页面中的"统一社保设置"按钮，设置社保参数的具体操作步骤如图3-117和图3-118所示。

表3-4 社保参数

名称	社保基数(元)	公司比例	个人比例	是否缴纳
养老保险	2000.00	16%	8%	是
医疗保险	2000.00	10.8%	2%	是
失业保险	2000.00	0.8%	0.2%	是
工伤保险	2000.00	0.16%	——	是
生育保险	2000.00	并入医疗保险		是
住房公积金	2000.00	12%	12%	是

图3-117 进入统一社保设置页面

图3-118 社保参数统一设置页面

(4) 参数设置完成后,单击"操作"→"凭证配置"选项,根据表3-5～表3-9所示信息设置科目,具体操作步骤如图3-119～图3-128所示。

表3-5　计提工资科目设置表

部门	应发工资	养老保险	医疗保险	失业保险	工伤保险	生育保险	住房公积金	大额医疗
管理部	660201	660210	660210	660210	660210	660210	660210	660210
行政部	660201	660210	660210	660210	660210	660210	660210	660210
销售部	660101	660107	660107	660107	660107	660107	660107	660107
财务部	660201	660210	660210	660210	660210	660210	660210	660210
生产车间管理人员	5101	5101	5101	5101	5101	5101	5101	5101
生产车间——长螺杆钻机CFG-23	500101	500101	500101	500101	500101	500101	500101	500101
生产车间——长螺杆钻机CFG-24	500102	500102	500102	500102	500102	500102	500102	500102

表3-6　计提工资贷方科目设置

科目	应发工资	养老保险	医疗保险	失业保险	工伤保险	生育保险	住房公积金	大额医疗
计提贷方科目	221101	221104	221104	221104	221104	221104	221105	221104

表3-7　发放核算规则

期末结转测算生成凭证	发放月份
勾选	本月发放

表3-8　发放方式

发放科目	100201

表3-9　代扣代缴个税及社保公积金

名称	养老保险	医疗保险	失业保险	生育保险	住房公积金	大额医疗	代扣个税
科目	122103	122103	122103	122103	122104	122103	222121

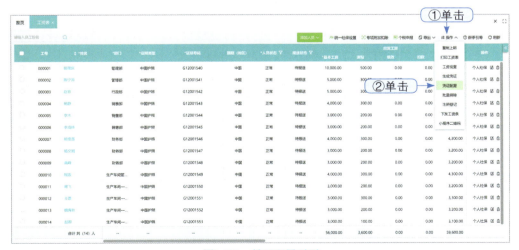

图3-119　凭证配置页面

图3-120　输入计提工资科目页面

图3-121　进入设置科目页面

图3-122　输入发放工资科目页面

(5) 科目录入完成后，单击"操作"→"生成凭证"选项，进入期末结转页面，生成工计提资凭证的具体操作步骤如图3-123～图3-125所示。

图3-123　测算金额页面

图3-124　进入生成凭证页面

图3-125　记账凭证页面

(6) 保存完成后，返回期末结账页面，生成发放工资凭证的具体操作步骤如图3-126～图3-128所示。

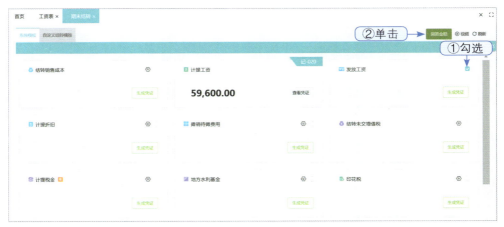

图3-126　测算金额页面

图3-127　进入生成凭证页面

图3-128　记账凭证页面

任务评价

任务评价如表3-10所示。

表3-10 任务评价

项目	评价内容	标准分值	实际分值				总结
			自评	互评	师评	合计	
			30%	20%	50%	100%	
知识素质目标	专业知识水平	10					
	相关知识水平	10					
技能素质目标	运用专业知识能力	20					
	获取信息并利用信息的能力	5					
	合理利用与支配各种资源的能力	10					
	创造性思维和分析能力	7					
	运用特种技能的能力	6					
	处理人际关系的能力	5					
品德素质目标	劳动纪律	5					
	团队精神	5					
	责任心	8					
	正直	5					
	仪容仪表	2					
	环境卫生	2					
合计		100					
总评		等级	教师签名				

第四章 特殊业务

▶ 知识目标

- ◎ 计提折旧
- ◎ 结转制造费用
- ◎ 结转完工产品成本
- ◎ 结转未交增值税
- ◎ 计提各项附加税费

▶ 技能目标

- ◎ 能够操作结转已售产品成本
- ◎ 能够操作计提所得税
- ◎ 能够操作结转本期损益
- ◎ 能够操作结转未分配利润
- ◎ 能够操作计提法定盈余公积
- ◎ 能够操作向所有者分配利润

▶ 本章导语

特殊业务讲述固定资产业务和期末业务。在互联网技术不断发展的环境下，由于各会计期间的许多期末业务都具有较强的规律性且方法很少改变，如费用计提、分摊的方法等，因此，由计算机来处理这些有规律的业务不但可以节省会计人员的工作量，也可以加强财务核算的规范性。

▶ 任务导图

特殊业务
- 固定资产业务
- 期末业务

任务清单

任务清单如表4-1所示。

表4-1　任务清单

任务	例题
掌握计提折旧	【情景4-1】
掌握结转制造费用	【情景4-2】
掌握结转完工产品成本	【情景4-3】
掌握结转未交增值税	【情景4-4】
掌握计提各项附加税费	【情景4-5】
掌握结转已售产品成本	【情景4-6】
掌握计提所得税	【情景4-7】
掌握结转未分配利润	【情景4-8】
掌握计提法定盈余公积	【情景4-9】
掌握向所有者分配利润	【情景4-10】
掌握结转利润分配	【情景4-11】

任务描述

会计工作中的一项重要内容是期末业务处理。期末业务也称月末业务，是指本月所发生的全部经济业务登记入账以后所要完成的工作。它主要包括成本、费用、损益的计提、分摊和结转等转账业务，以及期末对账、结账等会计业务。

期末业务的内容和形式具有相对固定和程序化的特点，因此，"好会计"软件系统中专门设置了结转模块，方便我们进行期末业务的处理。

好会计特殊业务任务描述如表4-2所示。

表4-2　好会计特殊业务任务描述

任务目标	知识素质目标		技能素质目标		品德素质目标
	1. 固定资产业务 2. 期末业务 3. 结账		1. 认知事物的能力 2. 分析问题的能力 3. 会计思维能力		1. 严谨的工作作风 2. 踏实的工作态度 3. 细致的工作方法
任务材料	教材		任务方法	讲授	
	"好会计"软件			个人操作	
	网络材料			团体讨论	
任务步骤	掌握基础操作		任务工具	项目任务书	
	了解企业信息			笔、纸	
	撰写任务产出表			计算机、网络	
任务评价	自评		互评		师评
	总评				

第一节　固定资产业务

4.1.1　计提折旧

【情景4-1】

12月31日，计提本月固定资产折旧(通过固定资产模块自动测算)。

【操作步骤】

(1) 进入"好会计"平台，单击"结账"→"期末结转"选项，进入"期末结转"页面，计提折旧的具体操作步骤如图4-1～图4-4所示。

图4-1　进入期末结转页面

图4-2　系统模板页面

图4-3 测算金额完成页面

图4-4 记账凭证页面

(2) 保存凭证后,退出即可。

第二节 期末业务

4.2.1 结转制造费用

【情景4-2】

12月31日,结转本月制造费用,企业本月生产长螺杆钻机—CFG23和长螺杆钻机—CFG24两种产品,总工时为180小时,生产长螺杆钻机—CFG23工时为80小时,生产长螺杆钻机—CFG24工时为100小时。(制造费用金额来自制造费用明细账)制造费用分配表如图4-5所示。

制造费用分配表

2021 年 12 月 31 日   单位：元

生产产品	费用总额	生产工时	分配率	制造费用分配额
长螺杆钻机—CFG23	13 079.95	80	72.67	5 813.6
长螺杆钻机—CFG24		100	72.67	7 266.35
合　计		180		13 079.95

主管　杨雪莲　　　　　　　　　　制表　高　峰

第二联　会计记账联

图4-5　制造费用分配表

【操作步骤】

进入"好会计"平台，单击"总账"→"新增凭证"选项，填制凭证的具体操作步骤与【情景3-1】新增凭证操作步骤一致，凭证保存后如图4-6所示。

图4-6　记账凭证页面

4.2.2　结转完工产品成本

【情景4-3】

12月31日，进入"期末结转"页面，根据表4-3、表4-4自定义结转本月完工成品成本。

表4-3　结转完工产品成本——长螺杆钻机CFG-23

摘要	会计科目	方向	金额公式
结转完工产品成本—长螺杆钻机CFG-23	140501	借	找平
结转完工产品成本—长螺杆钻机CFG-23	500101	贷	本级科目借方余额

表4-4　结转完工产品成本——长螺杆钻机CFG-24

摘要	会计科目	方向	金额公式
结转完工产品成本—长螺杆钻机CFG-24	140502	借	找平
结转完工产品成本—长螺杆钻机CFG-24	500102	贷	本级科目借方余额

【操作步骤】

(1) 进入"好会计"平台，单击"结转"→"期末结转"→"自定义结转模板"选项，进入"自定义结转模板"页面，定义结转完工产品成本——长螺杆钻机CFG-23模板，具体操作步骤如图4-7～图4-10所示。

图4-7　进入自定义模板操作页面

图4-8　进入增加模板页面

图4-9 自定义模板页面

图4-10 编辑公式页面

(2) 依据上述操作将公式增加完整，增加完后如图4-11所示。

图4-11 定义完成页面

(3) 定义完成后，生成凭证，如图4-12和图4-13所示。

图4-12 长螺杆钻机CFG-23进入生成凭证页面

图4-13　长螺杆钻机CFG-23记账凭证页面

(4) 自定义结转完工产品成本——长螺杆钻机CFG-24的模板，操作过程与自定义结转完工产品成本——长螺杆钻机CFG-23的操作过程一致，只是在选择科目时进行区分。

(5) 定义完成后，生成的凭证如图4-14所示。

图4-14　长螺杆钻机CFG-24记账凭证页面

4.2.3　结转未交增值税

【情景4-4】

12月31日，进入"期末结转"页面，测算计提未交增值税。

【操作步骤】

(1) 进入"好会计"平台,单击"结转"→"期末结转"选项,进入"期末结转"页面,计提未交增值税的操作步骤如图4-15和图4-16所示。

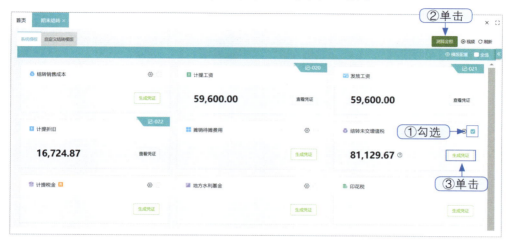

图4-15 "期末结转"页面

图4-16 计提未交增值税记账凭证页面

(2) 保存完成后,退出即可。

4.2.4 计提各项附加税费

【情景4-5】

12月31日,期末结转各项附加税费,包括城市维护建设税、教育费附加、地方教育费附加、房产税、城镇土地使用税和印花税。税金及附加计算表如图4-17所示。

部分税金及附加计算简表

2021 年 12 月 31 日

项 目	计税依据	税 率	应纳税额	备 注
应交城市维护建设税	（销项税-进项税）差额	7%	8 199.08	
应交教育费附加	（销项税-进项税）差额	3%	3513.89	
应交地方教育费附加	（销项税-进项税）差额	2%	2342.59	
应交房产税	房屋原值×（1-30%）×1.2%		503.55	
应交城镇土地使用税	每平方米2.00元		2000.00	
应交印花税	销售合同、买卖合同		198.72	
合 计				

会计主管：杨雪莲　　　　会计：高　峰　　　　制单：杨文娟

图4-17　税金及附加计算表

1. 计提城市维护建设税、教育费附加和地方教育费附加

【操作步骤】

进入"好会计"平台，单击"结转"→"期末结转"选项，进入"期末结转"页面，计提城市维护建设税、教育费附加和地方教育费附加的操作步骤如图4-18和图4-19所示。

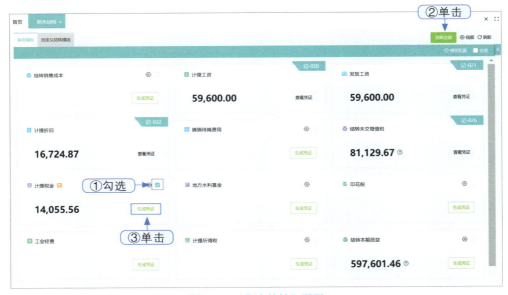

图4-18　"期末结转"页面

图4-19　计提城市维护建设税、教育费附加和地方教育费附加记账凭证页面

2. 计提房产税

【操作步骤】

进入"好会计"平台，单击"总账"→"新增凭证"选项，进入"新增凭证"页面，增加计提房产税记账凭证的操作步骤与【情景3-1】新增凭证操作步骤一致，凭证保存后如图4-20所示。

图4-20　计提房产税记账凭证页面

3. 计提城镇土地使用税

【操作步骤】

进入"好会计"平台，单击"总账"→"新增凭证"选项，进入"新增凭证"

页面，增加计提城镇土地使用税记账凭证的操作步骤与【情景3-1】新增凭证操作步骤一致，凭证保存后如图4-21所示。

图4-21　计提城镇土地使用税记账凭证页面

4. 计提印花税

【操作步骤】

进入"好会计"平台，单击"总账"→"新增凭证"选项，进入"新增凭证"页面，计提印花税的操作步骤与计提城市维护建设税操作一致，只是在选择时，需要单击"印花税"进行测算金额和生成凭证，生成的凭证如图4-22所示。

图4-22　计提印花税记账凭证页面

4.2.5 结转已售产品成本

【情景4-6】

12月31日,期末结转,智能测算结转本月销售产品成本。

【操作步骤】

进入"好会计"平台,单击"结转"→"期末结转"选项,进入"期末结转"页面,结转已销售产品成本的操作步骤与计提城市维护建设税操作一致,生成的凭证如图4-23所示。

图4-23 结转已销售产品成本记账凭证页面

4.2.6 计提所得税

【情景4-7】

12月31日,期末结转,智能测算计提所得税。

【操作步骤】

进入"好会计"平台,单击"结转"→"期末结转"选项,进入"期末结转"页面,计提所得税操作步骤与计提城市维护建设税操作一致,生成的凭证如图4-24所示。

图4-24 计提所得税记账凭证页面

4.2.7 结转本期损益

【情景4-8】

12月31日,期末结转,智能测算结转本期损益。

【操作步骤】

(1) 进入"好会计"平台,单击"结转"→"期末结转"选项,进入"期末结转"页面,结转本期损益的操作过程如图4-25和图4-26所示。

注意:

因为所得税也是本期损益结转的一部分,所以本期损益金额会在计提所得税完成后有所变化。

图4-25 生成凭证页面

图4-26 结转本期损益记账凭证页面

(2) 保存完成后，退出即可。

4.2.8 结转未分配利润

【情景4-9】

12月31日，期末结转，智能测算结转未分配利润。

【操作步骤】

进入"好会计"平台，单击"结转"→"期末结转"选项，进入"期末结转"页面，结转未分配利润的操作过程与结转本期损益相同，生成的凭证如图4-27所示。

图4-27 结转未分配利润记账凭证页面

4.2.9 计提法定盈余公积

【情景4-10】

12月31日，按净利润的10%提取法定盈余公积。利息分配计算表如图4-28所示。

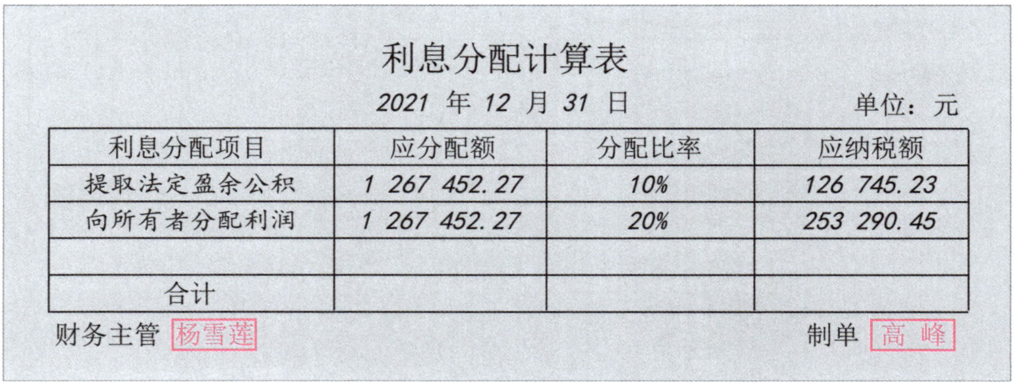

利息分配计算表
2021 年 12 月 31 日　　　　　　　　　　　单位：元

利息分配项目	应分配额	分配比率	应纳税额
提取法定盈余公积	1 267 452.27	10%	126 745.23
向所有者分配利润	1 267 452.27	20%	253 290.45
合计			

财务主管　杨雪莲　　　　　　　　　　　制单　高峰

图4-28　利息分配计算表

【操作步骤】

进入"好会计"平台，单击"总账"→"新增凭证"选项，进入"新增凭证"页面，增加计提法定盈余公积记账凭证的操作步骤与【情景3-1】新增凭证操作步骤一致，凭证保存后如图4-29所示。

图4-29　计提法定盈余公积记账凭证页面

4.2.10 向所有者分配利润

【情景4-11】

12月31日，按净利润的20%向所有者分配利润，原始凭证如图4-28所示。

【操作步骤】

进入"好会计"平台，单击"总账"→"新增凭证"选项，进入"新增凭证"页面，根据原始凭证增加向所有者分配利润的记账凭证，操作步骤如图4-30所示。

图4-30 向所有者分配利润记账凭证页面

4.2.11 结转利润分配

【情景4-12】

12月31日，结转利润分配。

【操作步骤】

进入"好会计"平台，单击"总账"→"新增凭证"选项，进入"新增凭证"页面，新增结转利润分配的操作步骤如图4-31所示。

图4-31 结转利润分配记账凭证页面

任务评价

任务评价如表4-5所示。

表4-5 任务评价

项目	评价内容	标准分值	实际分值				总结
			自评	互评	师评	合计	
			30%	20%	50%	100%	
知识素质目标	专业知识水平	10					
	相关知识水平	10					
技能素质目标	运用专业知识能力	20					
	获取信息并利用信息的能力	5					
	合理利用与支配各种资源的能力	10					
	创造性思维和分析能力	7					
	运用特种技能的能力	6					
	处理人际关系的能力	5					
品德素质目标	劳动纪律	5					
	团队精神	5					
	责任心	8					
	正直	5					
	仪容仪表	2					
	环境卫生	2					
合计		100					
总评		等级		教师签名			

第五章 大数据财务分析

▶ 知识目标

◎ 流动比率

◎ 速动比率

◎ 存货周转率

◎ 营业毛利率

◎ 营业净利率

◎ 净资产利润率

▶ 技能目标

◎ 能够增加老板账户

◎ 能够使用手机端查看账表

◎ 能够使用PC端查看账表

◎ 能够进行现金流分析

◎ 能够进行盈利能力分析

▶ 本章导语

大数据财务分析以企业大数据财务分析应用技术变化为驱动,将大数据技术与企业大数据财务分析理论有机融合,并以典型工作任务形式引入教学,对标职业技能等级标准初级和中级的要求精心设计、组织教材内容。

任务导图

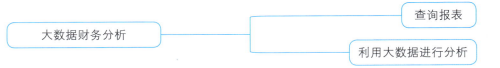

任务清单

任务清单如表5-1所示。

表5-1 任务清单

任务	例题
掌握增加老板账户	【情景5-1】
掌握手机端查看账表	【情景5-2】
掌握PC端查看账表	【情景5-3】

任务描述

财务指标分析，是指总结和评价企业财务状况与经营成果的分析指标，包括偿债能力指标、运营能力指标、盈利能力指标和发展能力指标。

本企业通过分析流动比率、速动比率、存货周转率、应收账款周转率和流动资产周转率来分析企业现金流和偿债情况。

通过营业毛利率、营业净利率、净资产利润率和总资产报酬率来分析企业盈利能力分析。

大数据财务分析任务描述如表5-2所示。

表5-2 大数据财务分析任务描述

任务目标	知识素质目标		技能素质目标		品德素质目标
	1. 增加老板账户 2. 老板查询报表 3. 大数据财务指标分析		1. 认知事物的能力 2. 分析问题的能力 3. 会计思维能力		1. 严谨的工作作风 2. 踏实的工作态度 3. 细致的工作方法
任务材料	教材		任务方法	讲授	
	"好会计"软件			个人操作	
	网络材料			团体讨论	
任务步骤	掌握基础操作		任务工具	项目任务书	
	了解企业信息			笔、纸	
	撰写任务产出表			计算机、网络	
任务评价	自评		互评		师评
	总评				

第一节　查询报表

5.1.1　增加老板账户

【情景5-1】

12月31日，设置老板账号，通过老板角色登录PC端和手机端，查看报表。

【操作步骤】

(1) 进入"好会计"平台，单击"设置"→"权限管理"选项，进入"权限管理"页面，增加老板角色的操作步骤如图5-1～图5-4所示。

图5-1　权限管理页面

图5-2　新建账号页面

图5-3　邀请新账号页面

(2) 单击图5-3中的"保存"按钮后,返回图5-1所示的页面,再次单击"添加角色"按钮,会出现如图5-4所示的页面。

图5-4 添加角色页面

(3) 设置完成后的页面如图5-5所示。

图5-5 设置老板账户完成页面

注意:

老板账号没有硬性规定,可以使用同学的名称和手机号作为角色账户,也可以使用自己的另一个手机号和虚拟名称。

5.1.2 手机端查看账表

【情景5-2】

12月31日,期末完成,老板使用账号登录微信端"好会计",查看报表。

【操作步骤】

(1) 使用手机微信关注"畅捷通好会计"公众号,点击"免费试用"→"微信记账"按钮,进入"好会计"手机端页面,查看账表的具体操作如图5-6~图5-8所示。

第五章　大数据财务分析

图5-6　手机端"好会计"页面

图5-7　账表页面

图5-8　日记账页面

(2) 其他手机端账表查看方法与"日记账"查看操作方法一致，老板通过手机客户端查询出其他报表结果如图5-9～图5-16所示。

图5-9　应收统计表页面

图5-10　费用统计表页面

图5-11　费用趋势表页面

图5-12　应付统计表页面

图5-13 资产负债表页面

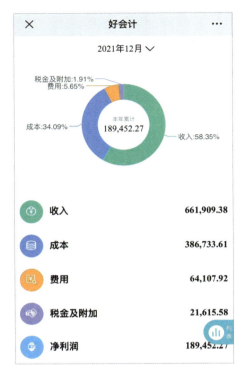

图5-14 利润表页面

图5-15 经营情况页面

图5-16 现金流量表页面

5.1.3　PC端查看账表

> 【情景5-3】
>
> 12月31日，期末完成，老板使用账号登录PC端，查看报表。

【操作步骤】

(1) 进入"好会计"官网，使用设置的老板账户登录"好会计"，登录成功后，在主页面可以看到所有财税指标，左侧的"报表中心"和"资金管理"可以查看账表(所有数据只能查看，不能编辑)。查看资产负债表的具体操作如图5-17和图5-18所示。

图5-17　进入报表操作页面

图5-18　查看资产负债表页面

(2) 查看完成，退出即可。

(3) 根据查询资产负债表的方法查询其他报表，结果如图5-19～图5-28所示。

项目	行次	本月金额	本年累计金额	上年同期累计
一、营业收入	1	662,389.38	662,389.38	
减：营业成本	2	386,533.61	386,533.61	
税金及附加	3	16,757.83	16,757.83	
销售费用	4	16,212.72	16,212.72	
管理费用	5	47,795.20	47,795.20	
研发费用	6			
财务费用	7	100.00	100.00	
其中：利息费用	8			
利息收入	9			
加：其他收益	10			
投资收益（损失以"-"填列）	11	-480.00	-480.00	
其中：对联营企业和合营企业的投资收益	12			
以摊余成本计量的金融资产终止确认收...	13			
净敞口套期收益（损失以"-"号填列）	14			
公允价值变动收益（损失以"-"号填列）	15			
信用减值损失（损失以"-"号填列）	16			
资产减值损失（损失以"-"号填列）	17			
资产处置收益（损失以"-"号填列）	18			
二、营业利润（亏损以"-"号填列）	19	194,510.02	194,510.02	0.00
加：营业外收入	20			
减：营业外支出	21	200.00	200.00	
三、利润总额（亏损总额以"-"号填列）	22	194,310.02	194,310.02	0.00
减：所得税费用	23	4,857.75	4,857.75	
四、净利润（净亏损以"-"号填列）	24	189,452.27	189,452.27	0.00

图5-19　利润表页面

项目	行次	本年累计	第一季度	第二季度	第三季度	第四季度
一、营业收入	1	662,389.38				662,389.38
减：营业成本	2	386,533.61				386,533.61
税金及附加	3	16,757.83				16,757.83
销售费用	4	16,212.72				16,212.72
管理费用	5	47,795.20				47,795.20
研发费用	6					
财务费用	7	100.00				100.00
其中：利息费用	8					
利息收入	9					

图5-20　利润表季报(新)页面

图5-21　现金流量表页面

图5-22　现金流量表季报页面

图5-23 所有者权益变动表页面

图5-24 应收统计表页面

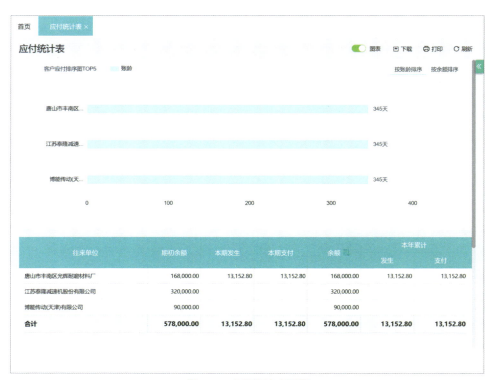

图5-25　应付统计表页面

图5-26　费用统计表页面

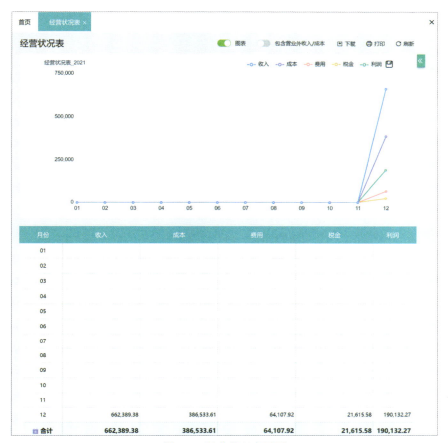

图5-27　经营状况表页面

图5-28　应收账龄表页面

第二节 利用大数据进行分析

5.2.1 现金流分析

打开智能云财务"好会计"首页,右侧有"流动性指标"模块,展现当期各项指标值,鼠标悬停在各指标上,会出现相应指标的简单说明。

1. 流动比率

流动比率是流动资产与流动负债的比率,用以衡量企业流动资产在短期债务到期前可以变为现金用于偿还流动负债的能力,表明企业每1.00元钱的流动负债有多少流动资产作为支付的保障。其计算公式如下。

流动比率=流动资产÷流动负债×100%

一般,企业的流动比率为2∶1比较适宜,20世纪90年代后,很多新的经营方式的应用,使企业的流动资产平均值降为1.5∶1。流动比率过低表示企业难以按期偿还债务;流动比率过高则表明企业流动资产占用较多,一方面可能会影响资金的使用效率和企业的获利能力,另一方面可能造成应收账款占用资金过多、周转速度较慢,或者在产品和产成品呆滞积压等的结果。

根据唐山鼎坤机械制造有限公司的数据,计算如下。

2021年12月流动比率=流动资产÷流动负债 =8 612 180.87÷1 995 470.18≈4.32

计算结果表明:唐山鼎坤机械制造有限公司流动比率大于2,企业短期偿债能力强。系统给出的流动比率计算结果如图5-29所示。

图5-29　流动比率计算结果

在计算流动比率指标时,一般没有考虑企业流动资产的变现能力和流动负债的到期结构问题。在实际工作中,企业各种流动资产不可能具有相同的变现能力,所有的流动负债也不可能同时到期。如果企业最近到期的流动负债很多,但是可以变现的流动资产却很少,尽管流动比率表面上反映的情况相当好,事实上企业却面临着现金短缺、周转不畅、偿债能力不足等问题。因此,在分析企业流动比率指标的同时,必须考虑应收账款和存货的变现能力及流动负债到期结构等问题。

2. 速动比率

速动比率是速动资产与流动负债的比率。其计算公式如下。

速动比率=速动资产÷流动负债×100%

式中，速动资产是流动资产减去变现能力较差且不稳定的预付账款、存货和其他流动资产项目后的余额，即速动资产=流动资产-预付账款-存货-其他流动资产。

速动比率反映企业短期内可变现资产偿还短期内到期债务的能力。速动比率是对流动比率的补充，一般，企业的速动比率维持在1∶1左右较为理想，说明1.00元流动负债有1.00元的速动资产做保证。如果速动比率大于1，说明企业有足够的能力偿还短期债务，但同时也说明企业拥有过多不能获利的现金和应收账款；如果速动比率小于1，说明企业将依赖出售存货或举新债偿还到期债务，这就可能造成急需售出存货带来的削价损失或举新债形成的利息负担。

根据唐山鼎坤机械制造有限公司的数据，计算如下。

2021年12月速动比率=(流动资产-存货-预付账款-其他流动资产)÷流动负债
=(8 612 180.87-3 385 290.79-12 360.00)÷1 995 470.18≈2.61

计算结果表明：唐山鼎坤机械制造有限公司速动比率为2.61，说明1.00元流动负债有2.61元的速动资产做保证偿还，企业短期偿债能力强。系统给出的速动比率计算结果如图5-30所示。

图5-30　速动比率

3. 存货周转率

存货周转率用来测定企业存货的变现速度，是衡量企业销售能力及在货库存合理性的财务指标。存货周转率有周转次数和周转天数两种表现形式。

1) 存货周转次数

存货周转次数是指产品营业成本与存货平均余额的比率，即存货在一定时期内(通常为一年)周转的次数。其计算公式如下。

存货周转次数=营业成本÷存货平均余额=营业成本÷(当期年初存货余额＋当期年末存货余额)÷2

式中，营业成本取利润表中"营业成本"本期金额；存货平均余额是指资产负债表中存货期初余额和期末余额的算术平均数。

2) 存货周转天数

存货周转天数是指存货周转一次所需要的时间，即存货自采购入库之日起到销售出库之日止的天数。其计算公式如下。

存货周转天数=360(计算期天数或报告期天数)÷存货周转次数

根据唐山鼎坤机械制造有限公司的数据，计算如下。

2021年12月存货平均余额=(当期年初存货余额+当期年末存货余额)÷2
=(0+3 385 290.79)÷2=1 692 645.40

2021年12月存货周转率=营业成本÷存货平均余额=386 533.61÷1 692 645.40≈0.23

计算结果表明：鼎坤公司12月的存货周转率为0.23，说明企业的销售业绩较差，导致公司存货较多。系统给出的存货周转率计算结果如图5-31所示。

图5-31 存货周转率

存货在流动资产中占有较大的比重，其占用的合理性和用转速度快慢，对企业流动比率具有举足轻重的影响力，进而影响企业短期偿债能力。加速存货资金周转历来就是企业较为关注的一个理财领域。

4. 应收账款周转率

应收账款周转率是衡量企业应收账款周转速度的财务指标。应收账款周转率有应收账款周转次数和应收账款周转期两种表现形式。

1) 应收账款周转次数

应收账款周转次数是企业产品赊销收入净额与应收账款平均余额的比率，即应收账款在一定期间内(通常为一年)周转的次数。其计算公式为如下。

应收账款周转次数=赊销收入净额÷应收账款平均余额

应收账款平均余额=(当期年初应收账款余额+当期年末应收账款余额)÷2

式中，赊销收入净额往往不易取得，可以使用利润表中"营业收入"项目本期金额，这时认为现销收入的赊销期为零；应收账款平均余额是指资产负债表中应收账款期初余额和期末余额的算术平均数。

2) 应收账款周转期

应收账款周转期是指应收账款周转一次所需的时间，即企业自发出商品开始至收回应收账款为止所经历的天数。其计算公式如下。

应收账款周转天数=360(计算期天数或报告期天数)÷应收账款周转次数

应收账款周转率是反映企业应收账款变现速度快慢与管理效率高低的指标。一定时期内，企业应收账款周转次数越多，周转天数越短，则表明应收账款回收速度越快，企业管理工作的效率越高。同时，提高应收账款周转率还可以有效地减少收账费用和坏账损失，而且应收账款作为流动资产的重要组成部分，其周转速度的加快，还会提高流动资产的流动性和短期偿债能力。但是，这些并不意味着周转比率越高越好。如果过分强调加速应收账款周转率，采用较为苛刻的信用政策，则会削弱企业的竞争能力，并影响企业产品销售量的扩大，从而制约企业的盈利能力。

根据唐山鼎坤机械制造有限公司的数据，计算如下。

2021年12月应收账款周转率=赊销收入净额÷应收账款平均余额

$$=662\,389.38 \div \text{【}(0+116\,400+60\,000) \div 2\text{】}$$
$$=662\,389.38 \div 88\,200$$
$$=7.51$$

计算结果表明：鼎坤公司12月的应收账款周转率为7.51，代表企业赊账较少，收账迅速，资产流动性强。系统给出的应收账款周转率计算结果如图5-32所示。

图5-32 应收账款周转率计算结果

5. 流动资产周转率

流动资产周转率又称总资产周转率，是销售收入与流动资产的比率，是衡量企业流动资产周转速度和利用效果的财务指标。周转率一般有流动资产周转次数和流动资产周转天数两种表现形式。

1) 流动资产周转次数

流动资产周转次数是企业流动资产在一定时期内(通常为一年)所完成的周转额与流动资产平均余额的比率。其计算公式如下。

流动资产周转率=营业收入÷流动资产平均余额

流动资产平均余额=(当期年初流动资产余额+当期年末流动资产余额)÷2

式中，营业收入取利润表中"营业收入"本期金额；流动资产平均余额是指资产负债表中流动资产期初余额和期末余额的算术平均数。

2) 流动资产周转天数

流动资产周转天数是流动资产周转一次所需时间的长短。其计算公式如下。

流动资产周转天数=360(计算期天数或报告期天数)÷流动资产周转次数

流动资产周转天数是指流动资产周转速度以时间形式表示的企业流动资产每周转一次所需要的时间，是反映企业流动资产周转速度的重要指标。流动资产周转一次所需要的天数越少，表明流动资产在经历生产和销售各阶段时占用的时间越短，周转速度越快。

根据唐山鼎坤机械制造有限公司的数据，计算如下。

2021年12月流动资产周转率=营业收入÷流动资产平均余额

$$=662\,389.38 \div 7\,200\,102.44=0.09$$

计算结果表明：鼎坤公司12月的流动资产周转率为0.09，企业资金的运营效率并不高。系统给出的总资产周转率计算结果如图5-33所示。

图5-33　总资产周转率计算结果

5.2.2　盈利能力分析

1. 营业毛利率

营业毛利率是营业收入与营业成本的差额。

营业毛利率又称销售毛利率，是企业的营业毛利与营业收入的比率。毛利率越大，说明在营业收入中营业成本占的比例越小，企业通过销售获取盈利的能力越强。其计算公式如下。

营业毛利率=营业毛利÷营业收入×100%

营业毛利=营业收入-营业成本

式中，营业收入为利润表中"营业收入"项目，营业成本为利润表中"营业成本"项目。

营业毛利率反映产品每销售1.00元所包含的毛利率，即营业收入扣除营业成本以后还有多少剩余可用于各期费用和形成利润。营业毛利率越高，表明产品的盈利能力越强。

根据唐山鼎坤机械制造有限公司的数据，计算如下。

2021年12月营业毛利率=营业毛利÷营业收入×100%
=(662 389.38-386 533.61)÷662 389.38×100%
=41.65%

计算结果表明：鼎坤公司12月的营业毛利率为41.65%，企业盈利能力良好。系统给出的销售毛利率计算结果如图5-34所示。

图5-34　销售毛利率计算结果

企业营业毛利率的指标有明显的行业特点，一般来说，营业周期短、固定成本低的行业毛利率水平会比较低，如商业企业；而营业周期长、固定成本高的行业则必须有较高的毛利率，以弥补其巨额的固定成本，如工业企业。

2. 营业净利率

营业净利率又称销售净利率，是指企业一定时期实现的营业利润同营业收入净额的比率。它表明企业每单位营业收入所能实现的销售利润，是反映企业主营业务获利能力的重要指标。其计算公式如下。

营业净利率=净利润÷营业收入×100%

式中，净利润为利润表中"净利润"项目。

营业净利率反映每1.00元销售收入最终赚取了多少利润，用于反映产品最终的盈利能力。分析该指标可以考察和评价企业的基本盈利能力。

根据唐山鼎坤机械制造有限公司的数据，计算如下。

2021年12月营业净利率=净利润÷营业收入×100%
=189 452.27÷662 389.38×100%=28.6%

计算结果表明：鼎坤公司12月的营业净利率为28.6%，企业需要改进经营管理策略，提高盈利水平。系统给出的销售净利率计算结果如图5-35所示。

图5-35 销售净利率计算结果

注意：

在"好会计"页面中，因为是直接从数据库中取数，所以与计算结果有偏差，这属于正常现象。

3. 净资产利润率

净资产利润率又称权益净利率或权益报酬率，是指在一定时期内实现的净利润与同期净资产平均余额的比率。净资产利润率充分体现了投资者投入企业的自有资本获取利润的能力，是评价企业资本经营效益的核心指标，备受企业投资者的关注。其计算公式如下。

净资产利润率=净利润÷净资产平均余额×100%

式中，净资产平均余额为同期资产负债表"所有者权益合计"项目期初余额与期末余额的算术平均数。

净资产利润率越高，表明企业自有资本获取收益的能力越强，资产运营效果越好，对投资者、债权人的保证程度越高。净资产利润率通用性强，使用范围广，不受行业局限。

根据唐山鼎坤机械制造有限公司的数据，计算如下。

2021年12月净资产利润率=净利润÷净资产平均余额×100%
=189 452.27÷6 338 306.85×100%
≈2.99%

计算结果表明：鼎坤公司12月的净资产利润率为2.99%，企业获利能力并不高。系统给出的净资产利润率计算结果如图5-36所示。

图5-36　净资产利润率计算结果

4. 总资产报酬率

总资产报酬率是指净利润与资本平均总额的比率。该指标主要用来衡量企业全部资产获取利润的能力，它反映了企业资产的利用效率，是评价企业资产运营效益的重要指标。其计算公式如下。

总资产报酬率=息税前利润总额÷平均资产总额×100%

式中，为取数方便，息税前利润总额为利润表中的"利润总额＋利息费用"项目，平均资产总额为同期资产负债表中"资产合计"项目期初余额和期末余额的算术平均数。

依据唐山鼎坤机械制造有限公司的数据，计算如下。

2021年12月总资产报酬率=息税前利润总额÷平均资产总额×100%
$$= 194\,310.02 \div 7\,336\,041.94 \times 100\%$$
$$=2.65\%$$

计算结果表明：鼎坤公司12月的总资产报酬率为2.65%，企业周转较慢，销售能力较弱。系统给出的总资产报酬率计算结果如图5-37所示。

图5-37　总资产报酬率计算结果

总资产报酬率作为评价资产经营效果的财务指标，其指标数值越高，表明企业投入产出水平越高，资产运营效果越好。因此，企业应选择获利能力高的投资项目，充分有效地运用企业控制的资产，合理进行资产组合和重组，及时处理闲置、积压资产，最大限度地发挥企业全部资产的运用效率。

▶ 任务评价

任务评价如表5-3所示。

表5-3 任务评价

项目	评价内容	标准分值	实际分值				总结
			自评 30%	互评 20%	师评 50%	合计 100%	
知识素质目标	专业知识水平	10					
	相关知识水平	10					
技能素质目标	运用专业知识能力	20					
	获取信息并利用信息的能力	5					
	合理利用与支配各种资源的能力	10					
	创造性思维和分析能力	7					
	运用特种技能的能力	6					
	处理人际关系的能力	5					
品德素质目标	劳动纪律	5					
	团队精神	5					
	责任心	8					
	正直	5					
	仪容仪表	2					
	环境卫生	2					
合计		100					
总评		等级		教师签名			

第六章 会计知识图谱

▶ 知识目标

◎ 知识图谱
◎ 优学教育平台功能
◎ 利用优学教育平台学习

▶ 技能目标

◎ 能够掌握知识图谱
◎ 能够掌握知识图谱的典型应用
◎ 能够掌握优学教育平台功能
◎ 能够利用优学教育平台学习

▶ 本章导语

知识图谱的发展历史源远流长,从经典人工智能的核心命题——知识工程,到互联网时代的语义Web,再到当下很多领域构建的数千亿级别的现代知识图谱,以及在语义搜索、智能问答、推荐计算、语言理解、大数据分析、设备物联中的广泛应用。知识图谱是典型的交叉领域,涉及知识表示、机器学习、自然语言处理、图数据库、信息获取等多个领域相关技术的系统性综合运用,同时也是不断发展的新领域,并在不断与图神经网络、联邦学习、区块链、视觉计算等领域的新发展进一步融合,不断更新和进步。

任务导图

任务清单

任务清单如表6-1所示。

表6-1 任务清单

任务	例题
知识图谱	无
掌握优学教育平台功能	无
利用优学教育平台学习	无

任务描述

随着移动互联网的发展，会计专业教学也在不断革新，会计理念不断更新。通过对本章的学习和认知能解决以下问题。

(1) 什么是知识图谱。

(2) 什么是优学教育平台。

(3) 如何利用优学教育平台进行学习。

(4) 通过优学教育平台学习到了什么。

会计知识图谱任务描述如表6-2所示。

表6-2 会计知识图谱任务描述

任务目标	知识素质目标	技能素质目标		品德素质目标
	1. 知识图谱的概念 2. 知识图谱的应用 3. 优学教育平台的功能	1. 认知事物的能力 2. 分析问题的能力 3. 会计思维能力		1. 严谨的工作作风 2. 踏实的工作态度 3. 细致的工作方法
任务材料	教材 优学教育平台 网络材料		任务方法	讲授 个人思考 团体讨论
任务步骤	掌握理论基础 了解企业概况 撰写任务产出表		任务工具	项目任务书 笔、纸 计算机、网络
任务评价	自评	互评		师评
	总评			

第一节　知识图谱

随着移动互联网的发展，万物互联成为了可能，这种互联所产生的数据也在爆发式地增长，而这些数据恰好可以作为分析关系的有效原料。如果说以往的智能分析专注在每一个个体上，那么在移动互联网时代，除了个体以外，个体之间的关系也必然成为我们需要深入分析的重要部分。在一项任务中，只要有关系分析的需求，知识图谱就"有可能"派上用场。

1. 知识图谱概述

知识图谱是由Google公司在2012年提出来的一个新概念。从学术的角度来看，我们可以对知识图谱做一个这样的定义：知识图谱本质上是语义网络(semantic network)的知识库。该定义有点抽象，从实际应用的角度出发其实可以简单地把知识图谱理解成多关系图(multi-relational graph)。

什么叫多关系图？学过数据结构的应该知道图(graph)，其是由节点(vertex)和边(edge)构成，但这些图通常只包含一种类型的节点和边，而多关系图一般包含多种类型的节点和多种类型的边。例如，图6-1表示一个经典的图结构，图6-2则表示多关系图，该图中包含了多种类型的节点和边，这些类型由不同的颜色来标记。

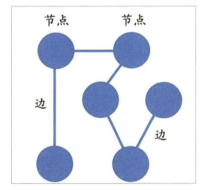 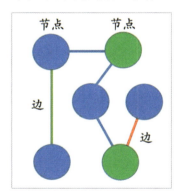

注：不同形状和颜色代表不同种类的节点和边。

图6-1　包含一种类型的节点和边　　　　图6-2　包含多种类型的节点和边

在知识图谱中，我们通常用实体(entity)表达图中的节点，用关系(relation)表达图中的"边"。实体指的是现实世界中的事物，如人、地名、药物、公司等，关系则用来表达不同实体之间的某种联系，如人"居住在"北京、张三和李四是"朋友"、逻辑回归是深度学习的"先导知识"等。

2. 知识图谱的典型应用

1) 医疗领域

在医疗领域，为了降低发现新药的难度，Open Phacts联盟构建了一个药物发现数据平台，通过整合来自各种数据源的药理学数据，构建知识图谱来支持药理学研究和药物发现。

IBM Watson通过构建医疗信息系统，以及一整套的问答和搜索框架，以肿瘤诊断为核心，成功应用于包括慢性病、医疗影像、体外检测在内的九大医疗领域。其第一步商业化运作是打造了一个肿瘤解决方案(watson for oncology)，通过输入纪念斯隆·凯特琳癌症中心的数千份病例、1500万页医学文献，可以为不同的肿瘤病人提供个性化治疗方案，连同医学证据一起推荐给医生。

2) 金融投资领域

在投资研究领域，成立于2010年的Alpha Sense公司打造了一款新的金融知识引擎。与传统的金融信息数据平台不同，这款知识引擎并不仅仅局限在金融数据的整合和信息平台的范围，而是通过构建知识图谱，加上自然语言处理和语义搜索引擎，让用户可以更方便地获取各种素材并加工再使用。

另外一款非常具有代表性的金融知识引擎是Kensho。它通过从各种数据源搜集信息，构建金融知识图谱，并关注事件和事件之间的依赖，以及对结果的关联和推理，从而可为用户提供自动化语义分析、根据特定行情判断走势等功能。

3) 政府管理和安全领域

在政府管理和安全领域，一个具有代表性的案例是Palantir公司，其核心技术是整理、分析不同来源的结构化和非结构化数据，为相关人员提供决策支持。例如，在军事情报分析系统中，将多源异构信息进行整合，如电子表格、电话、文档、传感器数据、动态视频等，可以对人员、装备、事件进行全方位实时监控分析，使调度人员第一时间掌握战场态势，并做出预判。Palantir公司曾协助美国政府追回了前纳斯达克主席麦道夫金融欺诈案的数十亿美金。

4) 电商领域

在电商领域，阿里巴巴生态积聚了海量的商品和交易数据，它以商品、产品、品牌和条码为核心，构建了百亿数据级别的商品知识图谱，可以广泛应用于搜索、导购、平台治理、智能问答等业务，同时保持每天千万数据级别的恶意攻击拦截量，极大提升了消费者的购物体验。

5) 聊天机器人领域

在聊天机器人领域，具有问答功能的产品，如Siri、微软小冰、公子·小白、琥珀·虚颜、天猫精灵、小米音箱等均有大规模知识图谱的支持。

第二节 优学教育平台功能

会计是一个不断迎接变化的行业，在市场经济为主导的当下，资本市场日益发达，会计核算工作开始国际化，会计信息的使用越来越重要。为了专业培养出适应时代发展的会计人才，会计专业教学也在不断革新，会计理念不断更新。在教学中，不仅培养了会计人员的职业素养与实用技能，还加入了判断能力、创新能力等复合型人才的培养要素。

优学教育平台是我们推出的财务人员一站式终身学习平台，依托超过百万的用户行为沉淀和对企业财税实务场景的深度理解，在多余门在线课程的内容支撑下，结合每一位用户的岗位学习与提升需求，应用视频、真实实训、在线考试和法律知识等多元化形式与服务，为每一位用户定制专属的学习与能力提升计划。优学教育平台页面如图6-3所示。

图6-3 优学教育平台页面

优学教育平台开设财务会计类、税务类、管理类、法规类、审计类、统计类等课程，从企业财税的各个岗位出发，针对1000+企业对于财税人员的职能需求和技能需求，从思想素养、技能精进和知识工具箱3个维度全面提升财税人员的岗位胜任能力。课程中心页面如图6-4所示。

图6-4 课程中心页面

第三节 利用优学教育平台学习

优学教育平台综合全面认知,在课程内容的设计上,从文本、视频、实训、法律规定4个维度来提高学生学习的体验,达到直观、清晰的认知效果。课程内容页面如图6-5所示。

图6-5 课程内容页面

1. 文本内容

优学教育平台在知识点上的文本编写,有助于加强学生对知识的理解与掌握,也有助于学生随时预习与复习,不受传统面授的时间和空间限制。文本内容页面如图6-6所示。

图6-6 文本内容页面

2. 视频内容

知识点视频的设计，能突破学生视觉的限制，多角度地观察对象，并能够突出要点，有助于概念的理解和方法的掌握。视频设计页面如图6-7所示。

图6-7　视频设计页面

3. 实训内容

优学教育平台采用实时跟踪式教学模式，针对学生在实训中的每一个操作步骤，进行智能实时校对，并以视频、图片、文字形式全方位解析指导。教育平台实训内容页面如图6-8所示。

图6-8　教育平台实训内容页面

4. 法律规定内容

优学教育平台依据最新法律法规，对知识点进行补充，紧扣我国职业教育发展规律，理论联系实际，突出实践性，使学生掌握最新的会计理论和技能。最新法律法规页面如图6-9所示。

企业会计准则——基本准则
第二章 会计信息质量要求

第十二条 企业应当以实际发生的交易或者事项为依据进行会计确认、计量和报告，如实反映符合确认和计量要求的各项会计要素及其他相关信息，保证会计信息真实可靠、内容完整。

第十三条 企业提供的会计信息应当与财务会计报告使用者的经济决策需要相关，有助于财务会计报告使用者对企业过去、现在或者未来的情况作出评价或者预测。

第十四条 企业提供的会计信息应当清晰明了，便于财务会计报告使用者理解和使用。

第十五条 企业提供的会计信息应当具有可比性。

同一企业不同时期发生的相同或者相似的交易或者事项，应当采用一致的会计政策，不得随意变更。确需变更的，应当在附注中说明。

不同企业发生的相同或者相似的交易或者事项，应当采用规定的会计政策，确保会计信息口径一致、相互可比。

第十六条 企业应当按照交易或者事项的经济实质进行会计确认、计量和报告，不应仅以交易或者事项的法律形式为依据。

第十七条 企业提供的会计信息应当反映与企业财务状况、经营成果和现金流量等有关的所有重要交易或者事项。

第十八条 企业对交易或者事项进行会计确认、计量和报告应当保持应有的谨慎，不应高估资产或者收益、低估负债或者费用。

第十九条 企业对于已经发生的交易或者事项，应当及时进行会计确认、计量和报告，不得提前或者延后。

图6-9 最新法律法规页面

任务评价

任务评价如表6-3所示。

表6-3 任务评价

项目	评价内容	标准分值	实际分值				总结
			自评 30%	互评 20%	师评 50%	合计 100%	
知识素质目标	专业知识水平	10					
	相关知识水平	10					
技能素质目标	运用专业知识能力	20					
	获取信息并利用信息的能力	5					
	合理利用与支配各种资源的能力	10					
	创造性思维和分析能力	7					
	运用特种技能的能力	6					
	处理人际关系的能力	5					
品德素质目标	劳动纪律	5					
	团队精神	5					
	责任心	8					
	正直	5					
	仪容仪表	2					
	环境卫生	2					
合计		100					
总评		等级		教师签名			

第七章 虚拟仿真

▶ **知识目标**

◎ 基本操作模块

◎ 基本业务模块

◎ 行业会计模块

▶ **技能目标**

◎ 能够掌握基本操作模块

◎ 能够掌握基本业务模块

◎ 能够掌握行业会计模块

▶ **本章导语**

虚拟仿真技术在教学中的应用有利于实时共享教学资源，让学生掌握最前沿的动态，将虚拟仿真技术渗透到建筑工程测量教学系统中，进而开展实践教学活动，能最大限度地丰富教学资源，全方位、多角度地提供优质教学服务，从而为通过建筑工程测量教学系统虚拟仿真技术进行实践教学教研，能够最大限度地实现信息教学扩大化，为学生提供多层次、多角度、多方面的教学服务。长此以往，有利于解决我国教学资源短缺问题，并为高等教育创造更多可能、更广阔舞台，培养出更多符合社会与企业发展的高素质人才。

任务导图

任务清单

任务清单如表7-1所示。

表7-1 任务清单

任务	例题
掌握基本操作模块	【情景7-1】
掌握基本业务模块	
掌握行业会计模块	

任务描述

北京事必达科技有限公司进入优学教育平台,进行基本操作模块、基本业务模块和行业会计模块的操作。

任务:通过优学教育平台与财务知识的结合解决以下问题。

(1) 在平台中如何填写现金支票。

(2) 在平台中如何选择各个岗位。

虚拟仿真任务描述如表7-2所示。

表7-2 虚拟仿真任务描述

任务目标	知识素质目标	技能素质目标		品德素质目标
	1. 操作基本操作模块	1. 熟练操作平台的能力		1. 严谨的工作作风
	2. 操作基本业务模块	2. 分析问题的能力		2. 踏实的工作态度
	3. 操作行业会计模块	3. 会计思维能力		3. 细致的工作方法
任务材料	教材	任务方法	讲授	
	优学教育平台		个人思考	
	网络材料		团体讨论	
任务步骤	掌握理论基础	任务工具	项目任务书	
	了解企业概况		笔、纸	
	撰写任务产出表		计算机、网络	
任务评价	自评	互评		师评
	总评			

第一节　基本操作模块

　　会计工作基本流程就是会计人员在会计期间内，按照规定的会计制度，运用一定的会计方法，遵循一定的会计步骤对经济数据进行记录、计算、汇总、报告，从编制会计凭证、登记会计账簿到形成财务报表的过程。

　　会计核算的基本程序主要包括会计凭证、会计账簿、会计报表3个步骤。本模块主要是模拟企业常见的会计凭证的填写、主要会计账簿的登记和四大会计报表的编制，通过该模块使学习者识别各种经济业务，顺利完成由经济语言到会计语言的转换，解决会计核算中"点"的问题。

　　优学教育平台根据会计工作基本流程，设置了银行票据填制、存货单证填制、工资单证填制、折旧摊销单证填制等15大模块。学生在数字平台进行交互仿实训练习，真实感受现实经济业务的会计处理，从而提高专业水平。基本操作模块页面如图7-1所示。

图7-1　基本操作模块页面

【情景7-1】

2022年2月10日,北京事必达科技有限公司(简称:事必达,纳税人识别号:110223523113656123,电话:010-87862574,地址:北京市房山区大兴路111号,开户银行:中国工商银行房山区支行;账号:110205650542873333),出纳从银行开出一张现金支票,金额为5 632.00元,备用。发证机关:北京市房山区公安局。身份证:130334200403156687。法人代表:李建华。

相关人员及操作如表7-3所示

表7-3 相关人员及操作

人员	操作						
	拿取	填写	签字	盖章	粘贴	撕开	传递	传递票据
出纳	现金支票(全)	√	√				财务主管	现金支票(全)
财务主管			√	√			总经理	现金支票(全)
总经理				√			出纳	现金支票(正面、背面)
出纳						√	柜员	
柜员	现金支票(正面、背面)							

操作流程如图7-2所示。

图7-2 操作流程

【操作步骤】

(1) 打开浏览器,输入相应网址进入PC端"优学教育平台"。"优学教育平台"登录页面如图7-3所示。

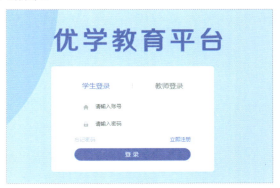

优学教育平台登录网址

图7-3 "优学教育平台"登录页面

(2) 以学生身份登录系统，单击"学生登录"选项，输入账号和密码，输入完成页面如图7-4所示。

图7-4 学生登录页面

(3) 登录完成后，进入"课程中心"页面，单击"基本操作"选项，选择"银行票据"模块，进行现金支票的填写，具体操作步骤如图7-5～图7-56所示。

图7-5 "课程中心"页面

图7-6 "银行票据"页面

图7-7 进入"现金支票的填写"操作页面

图7-8 "选择企业"操作页面

图7-9 "选择角色"操作页面

图7-10 "选择业务"操作页面

第七章 虚拟仿真

图7-11 "选择环节"操作页面

图7-12 查看业务内容页面

图7-13 选择岗位角色页面

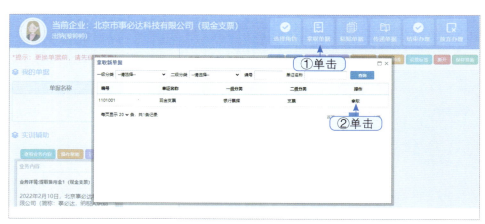

图7-14　拿取单据页面

图7-15　选择填写页面

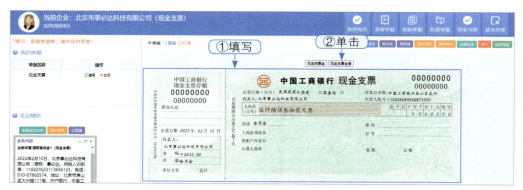

图7-16　填写现金支票页面

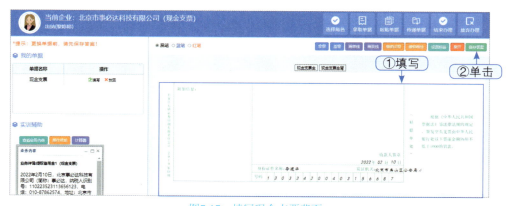

图7-17　填写现金支票背面

图7-18 回到操作页面

图7-19 传递单据页面(一)

图7-20 传递单据页面(二)

图7-21 传递单据页面(三)

图7-22　传递单据页面(四)

图7-23　结束办理页面(一)

图7-24　出纳办理页面

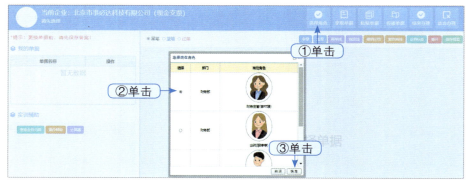

图7-25　选择财务主管角色页面

图7-26 拿取印章页面(一)

图7-27 盖章后页面(一)

图7-28 拿取印章页面(二)

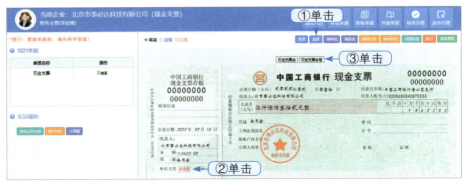

图7-29 盖章后页面(二)

图7-30 传递单据页面(五)

图7-31 盖章后页面(三)

图7-32 传递单据页面(六)

图7-33 传递单据页面(七)

图7-34 传递单据页面(八)

图7-35 传递单据页面(九)

图7-36 结束办理页面(二)

图7-37 进入总经理盖章页面

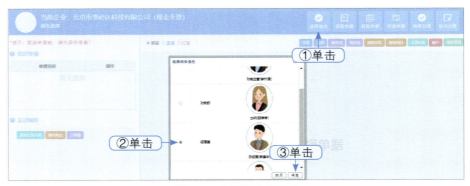

图7-38 选择总经理页面

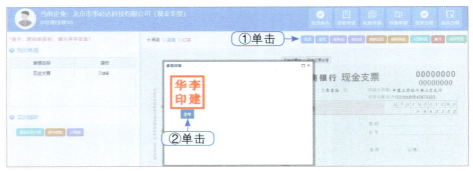

图7-39 拿取印章页面(三)

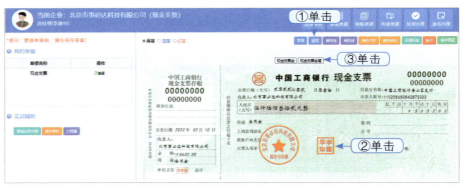

图7-40 盖章后页面(四)

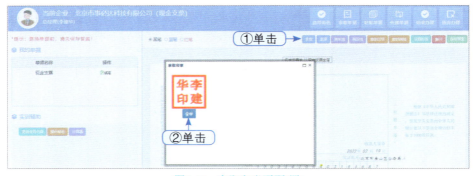

图7-41 拿取印章页面(四)

图7-42 盖章后页面(五)

图7-43 传递单据页面(十)

图7-44 传递单据页面(十一)

图7-45 传递单据页面(十二)

图7-46 传递单据成功页面(一)

图7-47 结束办理页面(三)

图7-48 进入出纳传递支票页面

图7-49 选择出纳角色页面

图7-50 单据撕开页面

图7-51 传递单据页面(十三)

图7-52 传递单据页面(十四)

图7-53 传递单据页面(十五)

图7-54 传递单据成功页面(二)

图7-55 结束办理页面(四)

图7-56 实训结束页面

第二节 基本业务模块

企业生产经营过程中，会发生很多业务，身为企业会计人员，需要对企业的日常财务业务了解清楚，这是对岗位认知的一种需要。

在基本模块的基础上，通过模拟百余种常见的经济业务，使学习者掌握各经济业务的处理，了解各岗位的责任，解决会计核算中"线"的问题。

优学教育平台的基本业务模块中包括现金收支业务、现金盘点业务、银行票据业务等多项涉及业务单据、账务处理的业务，如图7-57所示。

图7-57 基本业务模块页面

第三节 行业会计模块

每个行业的会计核算均有其特殊性,学生必须应对不同种类企业会计岗位的挑战,才能胜任会计工作,提高自己的就业能力。本模块虚拟了数十种行业的仿真实训,通过本模块的训练,解决了会计核算中"面"的问题。行业会计模块页面如图7-58所示。

图7-58 行业会计模块页面

下面以商品流通企业为例进行讲解。

7.3.1 基础资料

1. 企业概况

企业基本信息如表7-4所示。

表7-4 企业基本信息

企业名称	北京市永安商贸公司
税号	110202125689874
地址	北京市丰台区南大红门路25号附近
电话	010-56841052
开户银行	工行北京丰台支行
银行账号	120014542311801457

2. 主要部门及人员分工

北京市永安商贸公司的主要部门及人员(均为化名)分工如表7-5所示。

表7-5 主要部门及人员分工

部门	职位	姓名
管理部	总经理	马化龙
	办公室主任	杨 伟
	办公室文员	王 立
财务部	出纳(收款人)	孙朋伟
	会计(开票人)	王大陆
	商品账	刘 涛
	财务主管(复核)	田新月
运输部	主管	赵玉峰
	业务员	李佳琪
业务部	经理	牛琪琪
	业务员	牟艳丽
仓储部	车间主任	吴 刚
	工作人员	任天翔
小百货组	主管	李杨颖
	售货员	王佳玉
针织服装组	主管	张嘉欣
	售货员	李成梅
鞋帽组	主管	王新宇
	售货员	赵莹莹
五金交电组	主管	何心怡
	售货员	王宇燕

3. 主要商品

北京市永安商贸公司批发部的主要商品如表7-6所示。

表7-6　批发部的主要商品

编码	产地	品名	规格	单位	核算方法
00001	青岛	海尔冰箱	BCD-515WDPD	台	先进先出
00002	青岛	海尔冰箱	BCD-470WDPG	台	先进先出
00003	佛山	骆驼女鞋	37码	双	先进先出
00004	佛山	骆驼女鞋	38码	双	先进先出
00005	佛山	骆驼男鞋	41码	双	先进先出
00006	佛山	骆驼男鞋	42码	双	先进先出
00007	北京	蔬菜		千克	毛利率法

北京市永安商贸公司零售部的主要商品如表7-7所示。

表7-7　零售部的主要商品

柜组		核算方法
小百货组		售价金额
针织服装组		售价金额
鞋帽组		售价金额
五金交电组	海尔冰箱(BCD-515WDPD)	售价数量金额
	海尔冰箱(BCD-515WDPG)	售价数量金额
	其他商品	售价金额

4. 主要客户

北京市永安商贸公司的主要客户信息(均为化名)如表7-8～表7-10所示。

表7-8　主要客户信息(一)

公司名称	北京得胜连锁超市
纳税识别号	102023655896124
地址、电话	北京市海淀区杏石口路15号　　010-12563250
开户银行	工行北京海淀支行
银行账号	432223056766700009
收款人	陈伟光
开票人	张西洋
复核	林晓
总经理	林长青

表7-9　主要客户信息(二)

公司名称	北京家友生活购物超市
纳税识别号	1102784150050080
地址、电话	北京市丰台区丰台南路40号　　010-30126522
开户银行	工行北京丰台支行
银行账号	602235652700175864

(续表)

收款人	陈家良
开票人	张悦明
复核	金琦
总经理	李建华

表7-10　主要客户信息(三)

公司名称	上海弘一购物连锁超市
纳税识别号	346962562102321
地址、电话	上海市浦东区云台路55号　　021-10324696
开户银行	工行上海浦东支行
银行账号	1025692012236210005
收款人	万茜
开票人	张萌
复核	李云月

5. 主要供应商

北京市永安商贸公司的主要供应商信息(均为化名)如表7-11所示。

表7-11　主要供应商信息

公司名称	北京凌腾鲜活产品批发公司
纳税识别号	115689651112228
地址、电话	北京市丰台区万绿街26号　　010-85628399
开户银行	工行北京丰台支行
银行账号	152003595625010150
收款人	范婷婷
开票人	于江
复核	张一彤

6. 其他机构

其他机构信息(均为化名)如表7-12所示。

表7-12　其他机构信息

公司名称	广东理投证券
纳税识别号	635541294216878
地址、电话	广东新丰大陆里12号　　020-10528926
开户银行	工行新丰支行
银行账号	674214658632248516
收款人	林响
开票人	唐甜
复核	宋一博

7. 联营机构

联营机构信息如表7-13所示。

表7-13 联营机构信息

机构名称	联营方式	扣点(或场地费)	备注
天津市八方百货公司	收取手续费	40%	按含税收入为基数计算
北京市四惠服装公司	收取场地费	2 500.00元	

7.3.2 会计账簿的期初余额

1. 总分类账账户余额表

总分类账账户余额表如表7-14所示。

表7-14 总分类账账户余额表

单位：元

资产类			负债及所有者权益类		
总账账户	明细账账户	借方余额	总账账户	明细账账户	贷方金额
库存现金		45 000.00	应付账款		
银行存款		3 200 000.00		北京凌腾鲜活产品批发公司	90 400.00
应收账款			其他应付款		
	北京得胜连锁超市	280 000.00		北京得胜连锁超市	2 200.00
其他应收款			应付职工薪酬		
	牟艳丽	2 500.00		工资	166 762.87
库存商品——零售		1 505 600.00	应交税费		
库存商品——批发		1 860 300.00		未交增值税	126 900.00
商品进销差价(贷方)		(505 680.00)	长期借款		5 000 000.00
材料物资		6 000.00	实收资本		5 000 000.00
周转材料		280 000.00	盈余公积		2 300 000.00
固定资产		26 309 010.00	本年利润		3 678 000.00
累计折旧(贷方)		(7 678 104.00)	利润分配		8 940 363.13
合计		25 304 626.00	合计		25 304 626.00

2. 库存商品

库存商品表如表7-15、表7-16所示。

表7-15　库存商品表——零售部

柜组		数量	单价/元	金额/元
小百货组				351 000.00
针织服装组				270 000.00
鞋帽组				296 000.00
五金交电组	海尔冰箱(BCD-515WDPD)	60	3 510.00	210 600.00
	海尔冰箱(BCD-515WDPG)	50	4 160.00	208 000.00
	其他商品			170 000.00
合计				1 505 600.00

表7-16　库存商品表——批发部

品名	规格	单位	数量	单价/元	金额/元
海尔冰箱	BCD-515WDPD	台	229	2 700.00	618 300.00
海尔冰箱	BCD-470WDPG	台	330	3 200.00	1 056 000.00
骆驼女鞋	37码	双	200	260.00	52 000.00
骆驼女鞋	38码	双	100	260.00	26 000.00
骆驼男鞋	41码	双	150	280.00	42 000.00
骆驼男鞋	42码	双	100	280.00	28 000.00
蔬菜					38 000.00
合计					1 860 300.00

3. 固定资产明细账余额

固定资产明细账余额表如表7-17所示。

表7-17　固定资产明细账余额表

编号	明细分类账	数量	单价/元	金额/元	折旧/元
160101	商场	1	18 800 000.00	18 800 000.00	4 700 000.00
160102	库房	1	4 156 000.00	4 156 000.00	1 662 400.00
160103	货车	8	376 600.00	3 012 800.00	1 205 120.00
160107	冰柜	10	8 521.00	85 210.00	34 084.00
160108	电脑	30	5 500.00	165 000.00	49 500.00
160109	打印机	20	3 000.00	60 000.00	18 000.00
160110	收银机	10	3 000.00	30 000.00	9 000.00
合计				26 309 010.00	7 678 104.00

4. "商品进销差价"账户

"商品进销差价"账户如表7-18所示。

表7-18 "商品进销差价"账户

柜组	差价率	差价额/元
小百货组	30%	105 300.00
针织服装组	35%	94 500.00
鞋帽组	38%	112 480.00
五金交电组	30%	63 180.00
海尔冰箱(BCD-515WDPD)	34%	70 720.00
海尔冰箱(BCD-515WDPG)	35%	59 500.00
合计		505 680.00

7.3.3 模拟企业业务实训

【业务1】电汇给北京凌腾鲜活产品批发公司，偿还11月份购入的商品欠款90 400.00元。

业务1操作过程如表7-19所示。

表7-19 业务1操作过程

过程	人员	操作						
		拿取	填写	盖章	粘贴	撕开	传递	传递票据
1	出纳	电汇凭证(1-3)	√				财务主管	电汇凭证(1-3)
2	财务主管			√			总经理	电汇凭证(1-3)
3	总经理			√			出纳	电汇凭证(1-3)
4	出纳						柜员	电汇凭证(1-3)
5	柜员			在第一联盖章			将第一联交给出纳	电汇凭证(1)
6	出纳	付款凭证	付款凭证	√	√		会计	付款凭证
7	会计			审核			财务主管	付款凭证
8	财务主管			审核			出纳	付款凭证
9	出纳	日记账	√				会计	付款凭证
10	会计	应付账款明细账	√				出纳	付款凭证

【业务2】从北京市毛纺厂购进毛毯200条，总进价为50 000.00元，进项税额为6 500.00元，价税合计为56 500.00元。以转账支票付讫，商品由针织服装柜组验收入库(该毛毯每条含税零售价为300.00元)。

业务2操作过程如表7-20所示。

表7-20 业务2操作过程

过程	人员	操作						
		拿取	填写	盖章	粘贴	撕开	传递	传递票据
1	出纳	现金支票	√				财务主管	现金支票
2	财务主管			√			总经理	现金支票
3	总经理			√			出纳	现金支票
4	出纳					√	业务员	现金支票
5	业务员	发票					库管员	发票
6	库管员	商品入库单	√				商品账会计	发票入库单
7	商品账会计	商品账	√				出纳	发票和商品入库单
8	出纳	付款凭证	√	√	√		会计	付款凭证
9	会计			√			财务主管	付款凭证
10	财务主管			√			出纳	付款凭证
11	出纳	日记账	√				会计	付款凭证
12	会计	管理费用	√				出纳	付款凭证

【业务3】牟艳丽购进一次性包装袋50包,每包18.00元,共计900.00元,以现金支付。

业务3操作过程如表7-21所示。

表7-21 业务3操作过程

过程	人员	操作						
		拿取	填写	盖章	粘贴	撕开	传递	传递票据
1	出纳	现金支票	√				财务主管	现金支票
2	财务主管			√			总经理	现金支票
3	总经理			√			出纳	现金支票
4	出纳					√	业务员	现金支票
5	业务员	发票					库管员	发票
6	库管员	材料入库单	√				商品账会计	发票入库单
7	商品账会计	商品账	√				出纳	发票和商品入库单
8	出纳	付款凭证	√	√	√		会计	付款凭证
9	会计			√			财务主管	付款凭证
10	财务主管			√			出纳	付款凭证
11	出纳	日记账	√				会计	付款凭证

【业务4】业务部门牛琪琪出差返回,报销差旅费1 520.00元,其中,火车票995.00元,住宿费350.00元,其他费用175.00元,余款交回。

业务4操作过程如表7-22所示。

表7-22　业务4操作过程

过程	人员	操作					
		拿取	填写	盖章	粘贴	撕开	传递	传递票据
1	牛琪琪	火车票、住宿发票、出租车票差旅费报销单	√		√		出纳	火车票、住宿发票、出租车票差旅费报销单
2	出纳			√			财务主管	火车票、住宿发票、出租车票差旅费报销单
3	财务主管			√			出纳	火车票、住宿发票、出租车票差旅费报销单
4	出纳	付款凭证	√	√	√		会计	付款凭证
5	会计			√			财务主管	付款凭证
6	财务主管			√			出纳	付款凭证
7	出纳	日记账	√				会计	付款凭证
8	会计	管理费用总账	√				出纳	付款凭证

【业务5】批发部开出内部调拨单，按照表7-23所示的内部调拨单将商品调拨给五金交电组和鞋帽组。

表7-23　内部调拨单

接受部门	品名	规格	单位	数量	进价金额		售价金额	
					单价/元	金额/元	单价/元	金额/元
五金交电组	海尔冰箱	BCD-515WDPD	台	5	2 700.00	13 500.00	3 510.00	17 550.00
	海尔冰箱	BCD-470WDPG	台	5	3 200.00	16 000.00	4 160.00	20 800.00
鞋帽组	骆驼女鞋	37码	双	30	260.00	7 800.00	338.00	10 140.00
	骆驼男鞋	41码	双	30	280.00	8 400.00	364.00	10 920.00
合计金额						45 700.00		59 410.00

业务5操作过程如表7-24所示。

表7-24　业务5操作过程

过程	人员	操作					
		拿取	填写	盖章	粘贴	撕开	传递	传递票据
1	任天翔	商品调拨单	√	√			仓库主管	商品调拨单
2	仓库主管			√			王宇燕	商品调拨单
3	王宇燕	转账凭证	√	√			出纳	转账凭证
4	出纳			√			财务主管	转账凭证
5	财务主管			√			会计	转账凭证
6	会计	商品账[五金交电组——海尔冰箱(BCD-515WDPD)、海尔冰箱(BCD-515WDPG)]	√					

【业务6】从北京市大兴建华木材公司购进维修家具木材6立方米,每立方米2 800.00元,共计16 800.00元,税款2 184.00元。开出转账支票付讫。

业务6操作过程略。

【业务7】出纳员收取各柜组销货款567 000.00元。其中,小百货组132 000.00元,针织服装组125 000.00元,鞋帽组128 000.00元,五金交电组182 000.00元[其中,海尔冰箱(BCD-515WDPD)10台,海尔冰箱(BCD-470WDPG10台]。

业务7操作过程如表7-25所示。

表7-25 业务7操作过程

过程	人员	操作						
		拿取	填写	盖章	粘贴	撕开	传递	传递票据
1	出纳	交款单	√				财务主管	交款单
2	财务主管			√			出纳	交款单
3	出纳	收款凭证	√	√	√		会计	收款凭证
4	会计			√			财务主管	收款凭证
5	财务主管			√			出纳	收款凭证
6	出纳	日记账	√				会计	收款凭证
7	会计	收入明细账	√				出纳	收款凭证

【业务8】提取现金8 000.00元备用。

业务8操作过程如表7-26所示。

表7-26 业务8操作过程

过程	人员	操作						
		拿取	填写	盖章	粘贴	撕开	传递	传递票据
1	出纳	现金支票	√				财务主管	现金支票
2	财务主管			√			出纳	现金支票
3	出纳	付款凭证	√	√	√		会计	付款凭证
4	会计			√			财务主管	付款凭证
5	财务主管			√			出纳	付款凭证
6	出纳	日记账	√				会计	付款凭证
7	会计	总账	√				出纳	付款凭证

【业务9】从北京市兴源百货公司购进服装100套,单价为600.00元。该服装零售价为950.00元。货款已付。

业务9操作过程参照业务2。

【业务10】仓储部门吴刚领用木材3立方米,用于修理货架。

业务10操作过程如表7-27所示。

表7-27 业务10操作过程

过程	人员	拿取	填写	盖章	粘贴	撕开	传递	传递票据
1	吴刚	领料单	√				仓库主管	领料单
2	仓库主管			√			商品账会计	领料单
3	商品账会计	转账凭证、材料账	√	√	√		出纳	转账凭证
4	出纳			√			财务主管	转账凭证
5	财务主管			√			会计	转账凭证

【业务11】向上海沪东家电公司购入海尔冰箱(BCD-515WDPD)50台，单价为2 800.00元，开出并承兑一张商业汇票。

业务11操作过程如表7-28所示。

表7-28 业务11操作过程

过程	人员	拿取	填写	盖章	粘贴	撕开	传递	传递票据
1	出纳	商业承兑汇票	√				财务主管	商业承兑汇票
2	财务主管			√			会计	商业承兑汇票
3	总经理			√			出纳	商业承兑汇票
4	出纳					√	业务员	商业承兑汇票
5	业务员	发票					库管员	发票
6	库管员	商品入库单	√				商品账会计	发票入库单
7	商品账会计	商品账	√				会计	发票和商品入库单
8	会计	转账凭证		√			财务主管	转账凭证
9	财务主管			√			会计	转账凭证
10	会计	应付账款	√					

【业务12】收到天津市八方百货公司场地费2 500.00元。

业务12操作过程如表7-29所示。

表7-29 业务12操作过程

过程	人员	拿取	填写	盖章	粘贴	撕开	传递	传递票据
1	出纳	收款通知单	付款凭证	√	√		会计	付款凭证
2	会计			√			财务主管	付款凭证
3	财务主管			√			出纳	付款凭证
4	出纳	日记账					会计	付款凭证
5	会计	其他业务收入和应交税费明细账						

【业务13】以银行存款支付北京市电视台广告部广告费20 000.00元。

业务13操作过程如表7-30所示。

表7-30　业务13操作过程

过程	人员	操作						
		拿取	填写	盖章	粘贴	撕开	传递	传递票据
1	出纳	转账支票	√				财务主管	转账支票
2	财务主管			√			总经理	转账支票
3	总经理			√			出纳	转账支票
4	出纳					√	业务员	转账支票
5	业务员	发票					出纳	发票
6	出纳	付款凭证	√	√	√		会计	付款凭证
7	会计			√			财务主管	付款凭证
8	财务主管			√			出纳	付款凭证
9	出纳	日记账	√				会计	付款凭证
10	会计	销售费用	√					

【业务14】交来销货款：小百货组293 600.00元(其中，天津市八方百货公司联营收入87 260.00元)，针织服装组168 210.00元，鞋帽组72 900.00元，五金交电组263 500.00元【其中：海尔冰箱(BCD-515WDPD)20台，70 200.00元；海尔冰箱(BCD-515WDPG)12台，49 920.00元】。

业务14操作过程如表7-31所示。

表7-31　业务14操作过程

过程	人员	操作						
		拿取	填写	盖章	粘贴	撕开	传递	传递票据
1	出纳	交款单	√				财务主管	交款单
2	财务主管			√			出纳	交款单
3	出纳	收款凭证	√	√	√		会计	收款凭证
4	会计			√			财务主管	收款凭证
5	财务主管			√			出纳	收款凭证
6	出纳	日记账	√				会计	收款凭证
7	会计	收入明细账	√				出纳	收款凭证

【业务15】在天猫平台开户支付保证金200 000.00元。

业务15操作过程如表7-32所示。

表7-32　业务15操作过程

过程	人员	操作						
		拿取	填写	盖章	粘贴	撕开	传递	传递票据
1	出纳	银行付款回单	√				财务主管	转账支票
2	财务主管			√			总经理	转账支票
3	总经理			√			出纳	转账支票
4	出纳	付款凭证	√	√	√		会计	付款凭证
5	会计			√			财务主管	付款凭证
6	财务主管			√			出纳	付款凭证
7	出纳	日记账	√				会计	付款凭证
8	会计	其他应收款	√					

【业务16】发行的促销红包1000个，每个20.00元，用于回馈本月在店铺购物的买家。买家使用支付宝单笔消费满200.00元送50.00元的红包，买家可以使用红包购买本商家的任何一种商品。红包自发行之日起15天内有效，过期作废。

业务16操作过程参照业务15。

【业务17】购买中央空调1台，单价289 000.00元，准备安装。

业务17操作过程如表7-33所示。

表7-33　业务17操作过程

过程	人员	操作						
		拿取	填写	盖章	粘贴	撕开	传递	传递票据
1	出纳	转账支票	√				财务主管	转账支票
2	财务主管			√			总经理	转账支票
3	总经理			√			出纳	转账支票
4	出纳						后勤部门	转账支票
5	后勤部门	固定资产验收单	√				出纳	固定资产验收单
6	出纳	付款凭证	√	√	√		会计	付款凭证
7	会计			√			财务主管	付款凭证
8	财务主管			√			出纳	付款凭证
9	出纳	日记账	√				会计	付款凭证
10	会计	在建工程	√					

【业务18】批发蔬菜给北京华胜连锁超市，收款36 000.00元，收到转账支票。

业务18操作过程如表7-34所示。

表7-34 业务18操作过程

过程	人员	操作						
		拿取	填写	盖章	粘贴	撕开	传递	传递票据
1	业务员(牟艳丽)	转账支票(北京华胜连锁超市)发票					财务主管	转账支票(北京华胜连锁超市)发票
2	财务主管						出纳	转账支票(北京华胜连锁超市)发票
3	出纳	进账单	√				柜员	转账支票(北京华胜连锁超市)发票
4	柜员			√			出纳	进账单回单
5	业务员(牟艳丽)	出库单	√	√			财务主管	出库单
6	财务主管			√			出纳	出库单
7	出纳	收款凭证	√	√	√		会计	转账支票(北京华胜连锁超市)、出库单、进账单回单
8	会计			√			财务主管	转账支票(北京华胜连锁超市)、出库单、进账单回单
9	财务主管			√			出纳	转账支票(北京华胜连锁超市)、出库单、进账单回单
10	出纳	日记账	√				会计	转账支票(北京华胜连锁超市)、出库单、进账单回单
11	会计	收入账	√					

【业务19】发放上月工资。

业务19操作过程如表7-35所示。

表7-35 业务19操作过程

过程	人员	操作						
		拿取	填写	盖章	粘贴	撕开	传递	传递票据
1	出纳	银行回单、收款凭证	√	√	√		会计	银行回单、收款凭证
2	会计			√			会计主管	银行回单、收款凭证
3	财务主管			√			出纳	银行回单、收款凭证
4	出纳	日记账	√				会计	银行回单、收款凭证
5	会计	应付工资等明细账	√					

【业务20】接【业务17】支付工程安装费68 000.00元。

业务20操作过程如表7-36所示。

表7-36　业务20操作过程

过程	人员	操作						
		拿取	填写	盖章	粘贴	撕开	传递	传递票据
1	出纳	转账支票	√				财务主管	转账支票
2	财务主管			√			总经理	转账支票
3	总经理			√			出纳	转账支票
4	出纳						后勤部门	转账支票
5	后勤部门	付款单	√				出纳	付款单
6	出纳	付款凭证	√	√	√		会计	付款凭证
7	会计			√			财务主管	付款凭证
8	财务主管			√			出纳	付款凭证
9	出纳	日记账	√				会计	付款凭证
10	会计	在建工程、应交税费	√					

【业务21】收到银行扣税通知(上月增值税)。

业务21操作过程如表7-37所示。

表7-37　业务21操作过程

过程	人员	操作						
		拿取	填写	盖章	粘贴	撕开	传递	传递票据
1	出纳	银行回单、收款凭证	√	√	√		会计	银行回单、收款凭证
2	会计			√			会计主管	银行回单、收款凭证
3	财务主管			√			出纳	银行回单、收款凭证
4	出纳	日记账	√				会计	银行回单、收款凭证
5	会计	应交税费等明细账	√					

【业务22】批发部售给北京市百顿公司海尔冰箱(BCD-515WDPD)200台，每台售价3 380.00.00元。

业务22操作过程参照业务18。

【业务23】向银行申请银行本票280 000.00元，手续费2.00元。

业务23操作过程如表7-38所示。

表7-38　业务23操作过程

过程	人员	操作						
		拿取	填写	盖章	粘贴	撕开	传递	传递票据
1	出纳	银行本票	√				财务主管	银行本票
2	财务主管			√			总经理	银行本票
3	总经理			√			出纳	银行本票
4	出纳	付款凭证	√	√	√		会计	付款凭证
5	会计			√			财务主管	付款凭证
6	财务主管			√			出纳	付款凭证
7	出纳	日记账	√				会计	付款凭证
8	会计	银行存款	√					

【业务24】从上海沪东家电公司购入海尔冰箱(BCD-515WDPD)160台，每台不含税进价为2 750.00元。款项通过电汇支付。

业务24操作过程如表7-39所示。

表7-39　业务24操作过程

过程	人员	操作						
		拿取	填写	盖章	粘贴	撕开	传递	传递票据
1	出纳	电汇凭证(1-3)	√				财务主管	电汇凭证(1-3)
2	财务主管			√			总经理	电汇凭证(1-3)
3	总经理			√			出纳	电汇凭证(1-3)
4	出纳						柜员	电汇凭证(1-3)
5	柜员			在第一联盖章			将第一联交给出纳	电汇凭证(1)
6	出纳	付款凭证	付款凭证	√	√		会计	付款凭证
7	会计			审核			财务主管	付款凭证
8	财务主管			审核			出纳	付款凭证
9	出纳	日记账	√				会计	付款凭证
10	会计	商品采购、应交税费明细账	√				出纳	付款凭证

【业务25】参加美团活动，发出团购商品，骆驼女鞋50双，原价338.00元，现价300.00元；骆驼男鞋80双，原价364.00元，现价320.00元。

业务25操作过程如表7-40所示。

表7-40　业务25操作过程

过程	人员	操作						
		拿取	填写	盖章	粘贴	撕开	传递	传递票据
1	业务员	出库单	√				仓库主管	领料单
2	仓库主管			√			会计	领料单
3	会计	转账凭证	√	√			出纳	转账凭证
4	出纳			√			财务主管	转账凭证
5	会计	委托代销商品账	√				商品账会计	
6	商品账会计	库存商品明细账	√					

【业务26】接【业务11】6日向上海沪东家电公司购入的海尔冰箱(BCD-515WDPD)到货，由批发部验收入库。

业务26操作过程如表7-41所示。

表7-41 业务26操作过程

过程	人员	操作						
		拿取	填写	盖章	粘贴	撕开	传递	传递票据
1	业务员	商品入库单	√	√			仓库主管	商品入库单
2	仓库主管			√			会计	商品入库单
3	会计	转账凭证	√			√	出纳	转账凭证
4	出纳			√			财务主管	转账凭证
5	财务主管			√			会计	转账凭证
6	会计	商品采购	√					
7	商品账会计	商品账(五金交电组海尔冰箱(BCD-516WDPD))	√					

【业务27】接【业务20】中央空调安装完毕，验收合格并投入使用。

业务27操作过程如表7-42所示。

表7-42 业务27操作过程

过程	人员	操作						
		拿取	填写	盖章	粘贴	撕开	传递	传递票据
1	出纳	转账支票	√				财务主管	转账支票
2	财务主管			√			总经理	转账支票
3	总经理			√			出纳	转账支票
4	出纳						后勤部门	转账支票
5	后勤部门	固定资产验收单	√				出纳	固定资产验收单
6	出纳	付款凭证	√	√	√		会计	付款凭证
7	会计			√			财务主管	付款凭证
8	财务主管			√			出纳	付款凭证
9	出纳	日记账	√				会计	付款凭证
10	会计	在建工程	√					

【业务28】从北京市兴源百货公司购进商品，并将商品调拨给各部门。

购进商品信息如表7-43所示。

表7-43 购进商品信息

接受部门	品名	规格	单位	数量	进价金额		售价金额	
					单价/元	金额/元	单价/元	金额/元
小百货组	电饭锅	3000W	台	200	260.00	52 000.00	380.00	76 000.00
	豆浆机	2L	台	260	180.00	46 800.00	260.00	67 600.00
	吸尘器	5JD	台	320	150.00	48 000.00	400.00	128 000.00
针织服装组	女装		件	260	600.00	156 000.00	800.00	208 000.00
	男装		件	200	1 000.00	200 000.00	1 500.00	300 000.00
鞋帽组	男鞋	42码	双	400	500.00	200 000.00	700.00	280 000.00
	女鞋	37码	双	500	400.00	200 000.00	520.00	260 000.00
五金交电组	电视机	60寸	台	50	3 200.00	160 000.00	4 300.00	215 000.00
	洗衣机	6升	台	100	1 000.00	100 000.00	1 400.00	140 000.00
	空调	2.5匹	台	50	3 500.00	175 000.00	4 550.00	227 500.00
合计金额						1 337 800.00		1 902 100.00

以上商品通过转账支票付讫。

业务28操作过程如表7-44所示。

表7-44 业务28操作过程

过程	人员	操作					
		拿取	填写	盖章	粘贴	撕开	传递	传递票据
1	出纳	现金支票	√				财务主管	现金支票
2	财务主管			√			总经理	现金支票
3	总经理			√			出纳	现金支票
4	出纳					√	业务员	现金支票
5	业务员	发票					库管员	发票
6	库管员	商品入库单	√				出纳	发票入库单
7	出纳	付款凭证	√	√	√		会计	付款凭证
8	会计			√			财务主管	付款凭证
9	财务主管			√			出纳	付款凭证
10	出纳	日记账	√				会计	付款凭证
11	会计	商品采购、应交税费明细账	√				出纳	付款凭证

【业务29】收到北京得胜连锁超市欠款。

业务29操作参照业务18。

【业务30】接【业务14】支付天津市八方百货公司联营商品款。

业务30操作过程如表7-45所示。

表7-45 业务30操作过程

过程	人员	操作					
		拿取	填写	盖章	粘贴	撕开	传递	传递票据
1	出纳	转账支票	√				财务主管	转账支票
2	财务主管			√			总经理	转账支票
3	总经理			√			出纳	转账支票
4	出纳	付款凭证	付款凭证	√	√		会计	付款凭证
5	会计			审核			财务主管	付款凭证
6	财务主管			审核			出纳	付款凭证
7	出纳	日记账	√				会计	付款凭证
8	会计	应付账款明细账	√				出纳	付款凭证

【业务31】接【业务24】13日购入的海尔冰箱(BCD-515WDPD)到货,批发部入库100台,五金交电组入库60台。

业务31操作过程参照业务26。

【业务32】接【业务25】收到美团团购货款。美团按3%收取手续费。

业务32操作过程如表7-46所示。

表7-46 业务32操作过程

过程	人员	操作					
		拿取	填写	盖章	粘贴	撕开	传递	传递票据
1	出纳	转账支票	√				财务主管	转账支票
2	财务主管			√			总经理	转账支票
3	总经理			√			出纳	转账支票
4	出纳	付款凭证	付款凭证	√	√		会计	付款凭证
5	会计		审核				财务主管	付款凭证
6	财务主管		审核				出纳	付款凭证
7	出纳	日记账	√				会计	付款凭证
8	会计	销售费用明细账	√				出纳	付款凭证

【业务33】交来销货款：小百货组297 600.00元(其中天津市八方百货公司联营收入98 230.00元)，针织服装组186 500.00元，鞋帽组143 900.00元，五金交电组483 500.00元【其中：海尔冰箱(BCD-515WDPD)80台，280 800.00元；海尔冰箱(BCD-515WDPG)20台，83 200.00元。海尔冰箱(BCD-515WDPD)为赠券销售，每台赠券200.00元】。

业务33操作过程参照业务7。

【业务34】接【业务23】以银行本票从北京市东城捷安特自行车专卖店购进自行车400辆，不含税单价为570.00元。该自行车零售价为800.00元。

业务34操作过程如表7-47所示。

表7-47 业务34操作过程

过程	人员	操作					
		拿取	填写	盖章	粘贴	撕开	传递	传递票据
1	业务员	发票					库管员	发票
2	库管员	商品入库单	√				会计	发票入库单
3	会计	转账凭证		√			出纳	转账凭证
4	出纳			√			财务主管	
5	财务主管			√			会计	转账凭证
6	会计	应付票据、商品采购、应交税费明细账	√					

【业务35】批发部售给北京市华兴公司海尔冰箱(BCD-515WDPD)100台，每台售价3 320.00元；海尔冰箱(BCD-515WDPG)200台，每台售价3 600.00元。

业务35操作过程参照业务18。

【业务36】银行本票余款退回。

业务36操作过程如表7-48所示。

表7-48　业务36操作过程

过程	人员	操作						
		拿取	填写	盖章	粘贴	撕开	传递	传递票据
1	出纳	收款通知、收款凭证	√	√	√		会计	收款通知、收款凭证
2	会计			审核			财务主管	收款通知、收款凭证
3	财务主管			审核			出纳	收款通知、收款凭证
4	出纳	日记账	√				会计	收款通知、收款凭证
5	会计	其他货币资金明细账	√					收款通知、收款凭证

【业务37】购买劳保用品一批，共计1 080.00元，付现金，由车库司机领用。

业务37操作过程如表7-49所示。

表7-49　业务37操作过程

过程	人员	操作						
		拿取	填写	盖章	粘贴	撕开	传递	传递票据
1	出纳	转账支票	√				财务主管	转账支票
2	财务主管			√			总经理	转账支票
3	总经理			√			出纳	转账支票
4	出纳	付款凭证	付款凭证	√	√		会计	付款凭证
5	会计			审核			财务主管	付款凭证
6	财务主管			审核			出纳	付款凭证
7	出纳	日记账	√				会计	付款凭证
8	会计	应付职工薪酬明细账	√					

【业务38】对现金进行盘点，发现现金短缺16.00元。

业务38操作过程如表7-50所示。

表7-50　业务38操作过程

过程	人员	操作						
		拿取	填写	盖章	粘贴	撕开	传递	传递票据
1	出纳	转账支票	√	√	√		财务主管	付款凭证
2	会计			审核			财务主管	付款凭证
3	财务主管			审核			出纳	付款凭证
4	出纳	日记账	√				会计	付款凭证
5	会计	待处理财产损溢明细账	√					付款凭证

【业务39】以3 600 000.00元的价格购买办公楼一栋，增值税为324 000.00元，契税为54 000.00元，印花税等其他税费为2 100.00元。

业务39操作过程如表7-51所示。

表7-51　业务39操作过程

过程	人员	操作					
		拿取	填写	盖章	粘贴	撕开	传递	传递票据
1	出纳	转账支票	√	√	√		财务主管	付款凭证
2	会计			审核			财务主管	付款凭证
3	财务主管			审核			出纳	付款凭证
4	出纳	日记账	√				会计	付款凭证
5	会计	固定资产和应交税费明细账	√					付款凭证

【业务40】向银行购买支票，支付60.00元。

业务40操作过程如表7-52所示。

表7-52　业务40操作过程

过程	人员	操作					
		拿取	填写	盖章	粘贴	撕开	传递	传递票据
1	出纳	付款通知单、付款凭证	付款凭证	√	√		会计	付款凭证
2	会计			审核			财务主管	付款凭证
3	财务主管			审核			出纳	付款凭证
4	出纳	日记账	√				会计	付款凭证
5	会计	管理费用账	√					付款凭证

【业务41】接【业务38】20日现金短缺经批准转为管理费用。

业务41操作过程如表7-53所示。

表7-53　业务41操作过程

过程	人员	操作					
		拿取	填写	盖章	粘贴	撕开	传递	传递票据
1	会计	转账凭证	√	√	√		出纳	转账凭证
2	出纳			√			财务主管	转账凭证
3	财务主管			√			会计	转账凭证
4	会计	待处理财产损溢明细账	√					转账凭证

【业务42】购买下一年度凭证、账册，支付160.00元。支付账册印花税20.00元。

业务42操作过程如表7-54所示。

表7-54　业务42操作过程

过程	人员	操作					
		拿取	填写	盖章	粘贴	撕开	传递	传递票据
1	出纳	付款通知、印花税票、付款凭证	√	√	√		会计	转账支票
2	会计			√			财务主管	转账支票
3	财务主管			审核			出纳	付款凭证
4	出纳	日记账	√				会计	付款凭证
5	会计	管理费用、税金及附加账	√					付款凭证

【业务43】将20日买入的办公楼出租，此办公楼公允价值为3 800 000.00元。

业务43操作过程如表7-55所示。

表7-55　业务43操作过程

过程	人员	操作						
		拿取	填写	盖章	粘贴	撕开	传递	传递票据
1	会计	固定资产变动单、转账凭证	√	√	√		出纳	转账凭证
2	出纳			√			财务主管	转账凭证
3	财务主管			√			会计	转账凭证
4	会计		√					转账凭证

【业务44】向北京凌腾鲜活产品批发公司购进蔬菜465 200.00元，开出转账支票。

业务44操作过程如表7-56所示。

表7-56　业务44操作过程

过程	人员	操作						
		拿取	填写	盖章	粘贴	撕开	传递	传递票据
1	出纳	现金支票	√				财务主管	现金支票
2	财务主管			√			总经理	现金支票
3	总经理			√			出纳	现金支票
4	出纳					√	业务员	现金支票
5	业务员	发票					库管员	发票
6	库管员	商品入库单	√				出纳	发票入库单
7	出纳	付款凭证	√	√			会计	付款凭证
8	会计			√			财务主管	付款凭证
9	财务主管			√			出纳	付款凭证
10	出纳	日记账	√				会计	付款凭证
11	会计	商品采购、应交税费明细账	√				出纳	付款凭证

【业务45】接【业务34】8日从北京市东城捷安特自行车专卖店购进的自行车运到，由五金交电组验收入库。

业务45操作过程如表7-57所示。

表7-57　业务45操作过程

过程	人员	操作						
		拿取	填写	盖章	粘贴	撕开	传递	传递票据
1	出纳	现金支票	√				财务主管	现金支票
2	财务主管			√			总经理	现金支票
3	总经理			√			出纳	现金支票
4	出纳				√		业务员	现金支票
5	业务员	发票					库管员	发票
6	库管员	商品入库单	√				商品账会计	发票入库单
7	商品账会计	商品账	√				出纳	发票和商品入库单

(续表)

过程	人员	操作						
		拿取	填写	盖章	粘贴	撕开	传递	传递票据
8	出纳	付款凭证	√	√			会计	付款凭证
9	会计			√			财务主管	付款凭证
10	财务主管			√			出纳	付款凭证
11	出纳	日记账	√				会计	付款凭证
12	会计	管理费用	√				出纳	付款凭证

【业务46】支付财政局会计继续教育培训费800.00元。

业务46操作过程如表7-58所示。

表7-58 业务46操作过程

过程	人员	操作						
		拿取	填写	盖章	粘贴	撕开	传递	传递票据
1	出纳	转账支票	√				财务主管	转账支票
2	财务主管			√			总经理	转账支票
3	总经理			√			出纳	转账支票
4	出纳	付款凭证	付款凭证	√	√		会计	付款凭证
5	会计			审核			财务主管	付款凭证
6	财务主管			审核			出纳	付款凭证
7	出纳	日记账	√				会计	付款凭证
8	会计	应付职工薪酬明细账	√					

【业务47】出售货车1台，售价250 000.00元。

业务47操作过程如表7-59所示。

表7-59 业务47操作过程

	过程	人员	操作						
			拿取	填写	盖章	粘贴	撕开	传递	传递票据
进入清理	1	出纳	转账支票	√				财务主管	转账支票
	2	财务主管			√			总经理	转账支票
	3	总经理			√			出纳	转账支票
	4	出纳	付款凭证	付款凭证	√	√		会计	付款凭证
	5	会计	应付职工薪酬明细账	√					
取得货款	过程	人员	操作						
			拿取	填写	盖章	粘贴	撕开	传递	传递票据
	1	出纳	转账支票	√				财务主管	转账支票
	2	财务主管			√			总经理	转账支票
	3	总经理			√			出纳	转账支票
	4	出纳	付款凭证	付款凭证	√	√		会计	付款凭证
	5	会计	应付职工薪酬明细账	√					

【业务48】通过天猫销售服装100套,每套1 000.00元;毛毯150条,每条400.00元;皮鞋500双,每双320.00元,手续费为3%。以上商品标价为:服装1 200.00元,皮鞋400.00元。

业务48操作过程如表7-60所示。

表7-60 业务48操作过程

过程	人员	操作						
		拿取	填写	盖章	粘贴	撕开	传递	传递票据
1	出纳	销售发票	√				财务主管	销售发票
2	财务主管			√			总经理	销售发票
3	总经理			√			出纳	销售发票
4	出纳	付款凭证	付款凭证	√	√		会计	付款凭证
5	会计			审核			财务主管	付款凭证
6	财务主管			审核			出纳	付款凭证
7	出纳	日记账	√				会计	付款凭证
8	会计	销售费用	√					

【业务49】天猫销售共使用红包860个。

业务49操作过程如表7-61所示。

表7-61 业务49操作过程

过程	人员	操作						
		拿取	填写	盖章	粘贴	撕开	传递	传递票据
1	出纳	转账凭证	√				财务主管	转账凭证
2	财务主管			√			总经理	转账凭证
3	总经理			√			出纳	转账凭证
4	出纳	收款凭证	√	√	√		会计	收款凭证
5	会计			审核			财务主管	收款凭证
6	财务主管			审核			出纳	收款凭证
7	出纳	日记账	√				会计	收款凭证
8	会计	应付账款明细账	√					

【业务50】接【业务35】18日销售给北京市华兴公司海尔冰箱(BCD-515WDPD)的型号不符,经双方协商,给予5%的折让。

业务50操作过程如表7-62所示。

表7-62　业务50操作过程

过程	人员	操作						
		拿取	填写	盖章	粘贴	撕开	传递	传递票据
1	出纳	红字发票 转账支票	√				财务主管	红字发票转账支票
2	财务主管			√			总经理	红字发票转账支票
3	总经理			√			出纳	红字发票转账支票
4	出纳	付款凭证	付款凭证	√	√		会计	付款凭证
5	会计			审核			财务主管	付款凭证
6	财务主管			审核			出纳	付款凭证
7	出纳	日记账	√				会计	付款凭证
8	会计	应付账款明细账款、应交税费明细账	√				出纳	付款凭证

【业务51】结算12月份工资。

业务51操作过程如表7-63所示。

表7-63　业务51操作过程

过程	人员	操作						
		拿取	填写	盖章	粘贴	撕开	传递	传递票据
1	出纳	转账支票	√				财务主管	转账支票
2	财务主管			√			总经理	转账支票
3	总经理			√			出纳	转账支票
4	出纳	付款凭证	付款凭证	√	√		会计	付款凭证
5	会计			审核			财务主管	付款凭证
6	财务主管			审核			出纳	付款凭证
7	出纳	日记账	√				会计	付款凭证
8	会计	应付职工薪酬明细账	√					

【业务52】交来销货款：小百货组389 500.00元(其中，天津市八方百货公司联营收入369 782.00元)，针织服装组259 840.00元，鞋帽组209 870.00元，五金交电组448 610.00元【其中：海尔冰箱(BCD-515WDPD)10台，35 100.00元；海尔冰箱(BCD-515WDPG)10台，41 600.00元】。有60人使用了赠券。销售收入中含递延收益。

业务52操作过程如表7-64所示。

表7-64　业务52操作过程

过程	人员	操作					传递	传递票据
		拿取	填写	盖章	粘贴	撕开		
1	出纳	现金支票	√				财务主管	现金支票
2	财务主管			√			总经理	现金支票
3	总经理			√			出纳	现金支票
4	出纳					√	业务员	现金支票
5	业务员	发票					库管员	发票
6	库管员	商品入库单	√				出纳	发票入库单
7	出纳	付款凭证	√	√	√		会计	付款凭证
8	会计			√			财务主管	付款凭证
9	财务主管			√			出纳	付款凭证
10	出纳	日记账	√				会计	付款凭证
11	会计	商品采购、应付账款明细账	√				出纳	付款凭证

【业务53】将福利费和职工教育经费计入管理费用。

业务53操作过程如表7-65所示。

表7-65　业务53操作过程

过程	人员	操作					传递	传递票据
		拿取	填写	盖章	粘贴	撕开		
1	出纳	转账支票	√				财务主管	转账支票
2	财务主管			√			总经理	转账支票
3	总经理			√			出纳	转账支票
4	出纳	付款凭证	付款凭证	√	√		会计	付款凭证
5	会计			审核			财务主管	付款凭证
6	财务主管			审核			出纳	付款凭证
7	出纳	日记账	√				会计	付款凭证
8	会计	应付职工薪酬明细账	√					

【业务54】销售给北京华胜连锁超市蔬菜580 000.00元。

业务54操作过程如表7-66所示。

表7-66　业务54操作过程

过程	人员	操作					传递	传递票据
		拿取	填写	盖章	粘贴	撕开		
1	出纳	转账支票	√				财务主管	转账支票
2	财务主管			√			总经理	转账支票
3	总经理			√			出纳	转账支票
4	出纳					√	业务员	转账支票

(续表)

过程	人员	操作						
		拿取	填写	盖章	粘贴	撕开	传递	传递票据
5	业务员	发票					出纳	发票
6	出纳	付款凭证	√	√	√		会计	付款凭证
7	会计			√			财务主管	付款凭证
8	财务主管			√			出纳	付款凭证
9	出纳	日记账	√				会计	付款凭证
10	会计	销售费用	√					

【业务55】对存货进行盘点,资料如表7-67所示。

表7-67 盘点资料

商品盘点溢余报告单					
部门	账存/元	实存/元	差额/元	上月差价率	商品进价/元
小百货组	65 172.00	64 890.00	-282.00	30%	-197.40
鞋帽组	256 370.00	258 000.00	1 630.00	38%	1 010.60

业务55操作过程如表7-68所示。

表7-68 业务55操作过程

过程	人员	操作						
		拿取	填写	盖章	粘贴	撕开	传递	传递票据
1	会计	转账凭证	√	√	√		出纳	转账凭证
2	出纳			√			财务主管	转账凭证
3	财务主管			√			会计	转账凭证
4	会计	待处理财产损溢明细账	√					转账凭证

【业务56】计提折旧如表7-69所示。

表7-69 计提折旧

编号	明细分类账	数量	单价/元	金额/元	年折旧/元
160101	商场	1	18 800 000.00	18 800 000.00	470 000.00
160102	库房	1	4 156 000.00	4 156 000.00	207 800.00
160103	货车	8	376 600.00	3 012 800.00	150 640.00
160107	冰柜	10	8 521.00	85 210.00	4 260.50
160108	电脑	30	5 500.00	165 000.00	16 500.00
160109	打印机	20	3 000.00	60 000.00	6 000.00
160110	收银机	10	3 000.00	30 000.00	3 000.00
合计				26 309 010.00	858 200.50

业务56操作过程如表7-70所示。

表7-70　业务56操作过程

过程	人员	操作						
		拿取	填写	盖章	粘贴	撕开	传递	传递票据
1	出纳	转账支票	✓				财务主管	转账支票
2	财务主管			✓			总经理	转账支票
3	总经理			✓			出纳	转账支票
4	出纳	付款凭证	✓	✓	✓		会计	付款凭证
5	会计			审核			财务主管	付款凭证
6	财务主管			审核			出纳	付款凭证
7	出纳	日记账	✓				会计	付款凭证
8	会计	累计折旧明细账	✓					

【业务57】计提银行借款利息。

业务57操作过程如表7-71所示。

表7-71　业务57操作过程

过程	人员	操作						
		拿取	填写	盖章	粘贴	撕开	传递	传递票据
1	出纳	转账支票	✓				财务主管	转账支票
2	财务主管			✓			总经理	转账支票
3	总经理			✓			出纳	转账支票
4	出纳	付款凭证	付款凭证	✓	✓		会计	付款凭证
5	会计			审核			财务主管	付款凭证
6	财务主管			审核			出纳	付款凭证
7	出纳	日记账	✓				会计	付款凭证
8	会计	财务费用应付利息	✓				出纳	付款凭证

【业务58】28日鞋帽组盘盈系以前清点差错，小百货组盘亏为非常损失。

业务58操作过程如表7-72所示。

表7-72　业务58操作过程

过程	人员	操作						
		拿取	填写	盖章	粘贴	撕开	传递	传递票据
1	出纳	转账支票	✓				财务主管	转账支票
2	财务主管			✓			总经理	转账支票
3	总经理			✓			出纳	转账支票
4	出纳	付款凭证	付款凭证	✓	✓		会计	付款凭证
5	会计			审核			财务主管	付款凭证
6	财务主管			审核			出纳	付款凭证
7	出纳	日记账	✓				会计	付款凭证

(续表)

过程	人员	操作						
		拿取	填写	盖章	粘贴	撕开	传递	传递票据
8	会计	待处理财产损溢、应交税费明细账	√				出纳	付款凭证

【业务59】计算本月水电费28 650.00元。

业务59操作过程如表7-73所示。

表7-73 业务59操作过程

过程	人员	操作						
		拿取	填写	盖章	粘贴	撕开	传递	传递票据
1	出纳	转账支票	√				财务主管	转账支票
2	财务主管			√			总经理	转账支票
3	总经理			√			出纳	转账支票
4	出纳	付款凭证	付款凭证	√	√		会计	付款凭证
5	会计			审核			财务主管	付款凭证
6	财务主管			审核			出纳	付款凭证
7	出纳	日记账	√				会计	付款凭证
8	会计	待处理财产损溢、应交税费明细账	√				出纳	付款凭证

【业务60】计算增值税、税金及附加税费，如表7-74所示

表7-74 计算增值税、税金及附加税费

柜组	含税收入	不含税收入	销项税额
小百货组	1 112 700.00	984 690.27	128 009.73
针织服装组	899 550.00	796 061.95	103 488.05
鞋帽组	755 270.00	668 380.53	86 889.47
五金交电组	1 377 610.00	1 219 123.89	158 486.11
合计	4 145 130.00	3 668 256.64	476 873.36

业务60操作过程如表7-75所示。

表7-75 业务60操作过程

过程	人员	操作						
		拿取	填写	盖章	粘贴	撕开	传递	传递票据
1	出纳	转账支票	√				财务主管	转账支票
2	财务主管			√			总经理	转账支票
3	总经理			√			出纳	转账支票

(续表)

过程	人员	操作						
		拿取	填写	盖章	粘贴	撕开	传递	传递票据
4	出纳	付款凭证	付款凭证	√	√		会计	付款凭证
5	会计			审核			财务主管	付款凭证
6	财务主管			审核			出纳	付款凭证
7	出纳	日记账	√				会计	付款凭证
8	会计	应交税费明细账	√				出纳	付款凭证

【业务61】出租办公楼，公允价值为4 000 000.00元。

业务61操作过程如表7-76所示。

表7-76　业务61操作过程

过程	人员	操作						
		拿取	填写	盖章	粘贴	撕开	传递	传递票据
1	出纳	转账支票	√				财务主管	转账支票
2	财务主管			√			总经理	转账支票
3	总经理			√			出纳	转账支票
4	出纳	付款凭证	付款凭证	√	√		会计	付款凭证
5	会计			审核			财务主管	付款凭证
6	财务主管			审核			出纳	付款凭证
7	出纳	日记账	√				会计	付款凭证
8	会计	投资性房地产	√				出纳	付款凭证

【业务62】结转零售部已销商品成本。蔬菜期末存货为5 300.00元。

业务62操作过程如表7-77所示。

表7-77　业务62操作过程

过程	人员	操作						
		拿取	填写	盖章	粘贴	撕开	传递	传递票据
1	出纳	转账支票	√				财务主管	转账支票
2	财务主管			√			总经理	转账支票
3	总经理			√			出纳	转账支票
4	出纳	付款凭证	付款凭证	√	√		会计	付款凭证
5	会计			审核			财务主管	付款凭证
6	财务主管			审核			出纳	付款凭证
7	出纳	日记账	√				会计	付款凭证
8	会计	主营业务成本库存商品	√				出纳	付款凭证

【业务63】结转进销差价。

业务63操作过程参照业务2。

【业务64】期末对女鞋进行削价处理，共150双，原售价520.00拟售价480.00元。

业务64操作过程参照业务51。

【业务65】结转损益类科目。

业务65操作过程参照业务51。

【业务66】结转本年利润。

业务66操作过程参照业务51。

【业务67】计算并结转所得税。

业务67操作过程参照业务51。

【业务68】计提法定公积金。

业务68操作过程参照业务51。

【业务69】分配利润。

业务69操作过程参照业务51。

【业务70】结转利润分配。

业务70操作过程参照业务51。

参考文献

[1] 宋红尔，冉祥梅，赵越. 会计信息化财务篇[M]. 大连：东北财经大学出版社，2021.

[2] 高东锋，王森. 虚拟现实技术发展对高校实验教学改革的影响与应对策略[J]. 中国高教研究，2016(10)：56-59.

[3] 李江霞. Excel在财务管理中的应用[M]. 北京：北京邮电大学出版社，2011.

[4] 程运木. 企业财务会计[M]. 北京：中国财政经济出版社，2018.

[5] 郭道扬，朱小平. 初级会计学[M]. 北京：经济科学出版社，2021.